오늘 고기가 적어요

KB188770

광대한 우주
그리고 무한한 시간
이 속에서 같은 행성
같은 시대를
함께 살아가는 것을
기뻐 하면서

-칼 세이건

징역에서 온 편지

Q 못보던 잡지가 나왔네?

징역 살면서 읽을 거 개뿔도 없더라고. 나가면 꼭 갇혀 있는 놈들 위해서 읽을거리 만들어보자 해서 만들었어. 밖에선 자유가 넘쳐나지만, 안에선 시간만 넘쳐나잖아. 요즘은 그걸 시간빌게이츠라고 부르던데? 하여튼 그 시간 좀 덜 지루하게 보내라고 만든 거니까 실컷 읽어주시길.

Q 징역에서 왜 볼게 없어? 맥심 자이언트 맥스큐 일요시사 발그레등등 얼마나 많은디. 이 잡지만의 차별화는 뭐야?

그런 잡지들 나도 안에서 다 봤다. 근데 그거 알지? 절반이 광고로 도배되어 있는 거. 그것도 수용자한테는 개뿔도 쓸모 없는 전자담배, 면도기, 콘돔, 옷 광고 같은 것들. 감방에서 콘돔이 뭔 소용이냐고. 그래서내 돈 내고 내가 만든 '내돈내만' 잡지를 만들었다.

그리고 수용자들이 공감할 수 있는 징역 이야기로 채웠다. 미국은 교도소 전용 잡지가 널렸는데 한국은 이런 게 전무하더라고. 내가 철창 안에서 보고 싶었던 것들만 쏙쏙 골랐다. 디씨, 개드립, 펨코,베스트 게시물부터 쇼츠, 릴스, 틱톡 꿀잼 콘텐츠까지. 밖에서 무슨 일이 일어나는지 한 눈에 볼 수 있게 만들었지. 이게 바로 철창 안 징역 메뉴얼이다.

Q 이름은 왜 옥중비급이야?

이름 짓느라 머리 터질 뻔했다. '월간징역'은 너무 직설적이고, '센조이, 왈왈이'는 너무 상스럽고 '슬기로운 깜빵생활'은 마치 교정청에서 만든 홍보물 같잖아. 결국 '옥중비급'으로 낙점했다. 특별한 이유? 그런 거 없다. 그냥 꽂혔어. 무협지 느낌 물씬 나지 않나? 마치 철창 안에서 전수받는 비전의 무공비급 같은 느낌이랄까. 감옥에서 살아남는 비법서라는 의미도 있고. 옥중에서 읽으면 득도하는 비급서. 철창 안에서도 인생의 레벨업이 가능하다는 메시지를 담았다고 볼 수도 있지.

Q 나는 화보 보고싶은데 넣었나.

그거 모를 리가 있나. 남자들 모인 곳인데. 걱정 마라, 명색이 남성 잡지니까 적절히 수위 맞춰서 넣어뒀다. 간행물윤리위원회의 마지노선인 맥심을 많이 참고 했다. 사진은 전부 포토앨범 사이즈 6x4로 맞췄어. 알지? 모른다고? 형 혹시 포토앨범도 없는 법자야?

Q 책은 어떻게 만들었나.

출소하자마자 인디자인, 포토샵 같은 편집 프로그램부터 파고들었지. 시행착오? 말도 마라. 처음엔 개판이었다. 장인 정신으로 계속 가

오늘 뽑면 드실분?

다듬었지. 예를들어 야간 자기 전에 읽을 때 페이지에서 빛 반사되는 거 짜증나지? 맥심이나 자이언트 밤에 보면 빛 반사 때문에 눈알이 뽑힐 것 같았거든. 그래서 특별히 고급 무광 용지로 만들었다. 불빛 반사가 최소화된 종이야. 교도소 형광등 아래에서도 눈 안 아프게. 이런 디테일이 바로 전과자의 세심함이지. 안 겪어본 놈은 절대 몰라.

Q 책 만드는데 돈 많이듬? 이거 다 팔면 얼마나 범?

500권 찍었는데, 전부 팔리면 매출이 천만원 정도 된다. 근데 그게 다 내 통장으로 들어오냐고? 천만에. 유통사랑 물류택배가 40% 쳐먹고, 인쇄비로 300만원 날아가고, 홍보비는 또 별도로 나가고... 결국 남는 건 쥐꼬리만 하다. 교도소에서 소지가 등기 챙기는게 더 남을거다. 인건비 생각하면 차라리 편의점 알바가 나을 정도?

Q 그래서 광고도 넣었나?

잡지 판매만으로는 파산 각이야 이해해 주길. 그래도 수용자들에게 필요한 것들 위주로 선정했어. 해줄 사람은 없겠지만 후원도 받는다. 몇 천원씩 해주면 후원보드에 올릴게. 아이디어도 받는다.

Q 가격이 저렴하진 않는데?

그냥 신문 한 부 구독하는 셈 쳐주라. 총 160페이지니까 페이지당 100원 꼴이다. 먹치기 한번만 아껴주시길. 많이 팔리면 좋겠지만 사동에 한 명만 사서 다 같이 돌려봐도 상관없다. 어차피 교도소가 50개 정도니까 각 교도소마다 10부씩만 팔려도 500부 완판이다. 다음호 준비할수 있다. (참고로 2개월마다 한권씩을 목표로 하고 있다. 익숙해지면 매달 내겠다.)

Q 혼자서 편집한건가? 혼자서 어떻게 160페이지를 만드냐

혼자 다 만들었다고 하면 거짓말이지. AI의 도움이 크다. 글쓰는 건 챗GPT한테 맡기고, 이미지는 미드저니라는 AI로 뚝딱 만들었다. 솔직히 AI 없었으면 이거 꿈도 못 꿨어. 그래도 내가 교정은 다 직접 봤다. AI가 교도소 은어는 잘 모르거든.

Q 편지써도 되나.

당연하지. 피드백 부탁한다. 이 코너는 재밌다. 저 코너는 좀 빼라등 환영이다. 징역 소식도 적어서 보내주라. 거창한 거 말고, 미징역, 직훈생,작업공장,관용부는 어떤지... 재밌던일, 생활환경, 작업 신청하는 꿀팁, 주임 스타일(까칠한지 온화한지)... 이런 거 간단히만 적어서 보내줘. 내가 괜찮은 것들 골라서 잡지에 싣고, 당첨되면 다음 호 공짜로 보내준다. 선물 하나 더 추가할까 고민 중이다.

살다 보니 징역이란 곳이 참 막막하더라. 정보가 완전 깜깜이지. 게임도 막히면 공략집이라도 볼 텐데, 징역월드는 하드코어 중에 개하드코어. 첫 징역 신입들은 더 멘붕이겠지. 그래서 이 잡지를 만든 거야. 내가 바라는 건 하나다. 건전한 정보 교류로 조금이라도 쾌적한 수용 생활. 어차피 다들 형기 채우고 나갈 사람들이니까, 그 시간 덜 고통스럽게 보냈으면 하는 바람이다. 그게 내 바램이다.

Q 마지막으로 하고 싶은말은?

고단한 하루를 마치고 희미한 형광등 불빛 아래 모포에 누워 이 책을 넘기면서 잠시라도 철창 밖으로 탈출했으면 좋겠다. 몸은 안에 있어도 마음만큼은 자유롭게. 이 잡지가 탈출구가 되길 바란다. 징역살이가 그래도 조금은 덜 지옥 같아지길 바라면서.
다음 호에서 또 만나자고, 형님들.

부장님 공 좀 꺼내주세요

2025년 3월 무협지 인기 순위

1.산적왕이 되고 싶다곤 안 했다

무림에 환생하기 전,
왕이 되면 뭐든 다 할 수 있을 줄 알았다. 그래서 어릴 때부터 다음 생에는 왕이 되게 해 달라고 빌었다.
……하지만 산적왕도 왕이라곤 안 했다고!
이왕지사 녹림을 갈아엎겠다 다짐한 현대인 산적왕의 무림 생존기.
언제까지 정파 무력 측정기로 살래?

2. 천산방

북해지희(北海之戲). 무림의 구름 위에 존재하는 무맥(武脈)들이 모여 무공을 겨루는 유희.
그 유희가 열리지 않은지도 백수십 년, 강호는 오랜 세월 잠들어 있었다.
그렇게 잠들어 있던 강호는 신공 무자진경의 전인이자 천산방의 방주인
천몽의 움직임과 함께 잠에서 깨어나기 시작하는데…….

3. 천하제일 상단주

태자의 명령에 목숨을 잃고
다시 눈을 떴을 땐 상단주의 아들이었다.
천하에 광풍을 일으킬 품목을 아는 나는
금력으로 복수한다!

4.전생검신

나는 고수지망생이었다.
무공에 입문한지 45년째.
강호에서 내 경지는 잘 쳐줘야 이류
일류의 경지는 꿈도 꾸지 못한 채
허름한 초막에서 육합검법이나
수련하는 신세.
"재능 없는 놈은 죽으란 말이냐?

그럼 죽겠다.
죽고 나서 또 다시 도전해주겠다.
세상을 죽여 버릴 때까지!"

5. 금선비록
절멸한 무림 최후의 보루 무림맹 멸마단(滅魔團).
멸마단의 단주 뇌제(雷帝) 신우성.
마교주에게 목숨을 잃고
부대주 시절로 돌아오다.

6. 무림맹 멸마단주
절멸한 무림 최후의 보루 무림맹 멸마단(滅魔團).
멸마단의 단주 뇌제(雷帝) 신우성.
마교주에게 목숨을 잃고
부대주 시절로 돌아오다.

7. 무당광마
협객을 꿈꾸며 온갖 악인을 때려잡고,
덩달아 선인도 때려잡은 광마.
무당파의 도사로 깨어나다.

8. 환생금용
배화교의 몰락과 함께 죽음을 맞이한 교주 태무천, 삼류 문파의 골
칫덩이로 눈을 뜨다.
더 이상 과거는 묻지 않겠다.
하지만 배신의 대가는 받으리라.
희대의 기물 아수라혈천갑을 입고, 새롭게 만든 무극금룡도법을 휘
두르며 강호를 질타하는 절대자의 반열에 들어서니….

9. 매화신검
맹주의 말이 법이며, 검이 곧 하늘이었다.
바른 말 한 마디로 가족이 참수당하고.
욕 한 마디에 허가 잘리는 시대가 펼쳐졌다.
"강호는 은원이 분명한 곳이라 들었습니다. 당신도, 아끼던 이를 잃
어야 할 것입니다."
맹주의 패도 통치로 일가족을 잃은 소녀는
아비의 무공을 계승받아 역천의 대업을 이루려 한다.

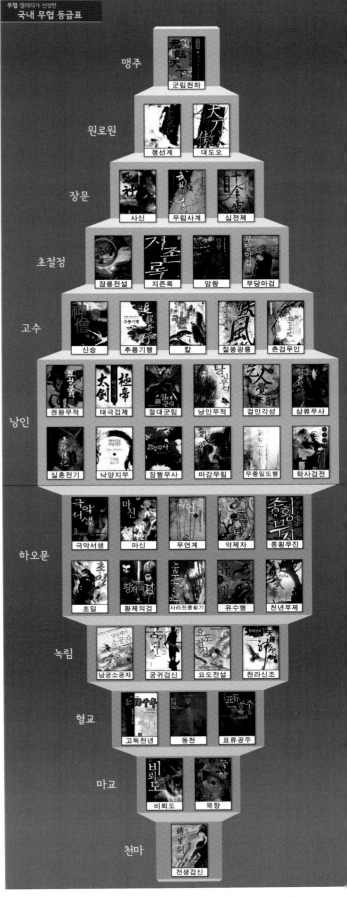

이 만화가 대단하다! 2025

1위 <너와 우주를 걷기 위하여> 한국 정발됨
공부도 알바도 오래 못 가는 불량 고교생 코바야시.
어느 날, 코바야시의 반에 좀 별난 우노가 전학 온다.
그는 누가 연이어 말을 걸면 경직돼 버리기도 하고, 여러 가지 일을 동시에 할 수 없는 등 '보통'을 어려워한다.
그럼에도 여러 가지 방법을 써서 노력하는 우노에게 공명한 코바야시는 자기 자신도 변하기 위해 행동에 나선다.

2위 <평범한 경음부> 한국 정발됨
조금 차분한 일본 록을 사랑하는 고등학교 1학년 신입생 하토노 치히로는, 초보자이면서도 동경의 기타를 손에 넣어, 염원의 경음부에 입부한다.
개성 풍부한 부원들에게 곤혹해하면서도, 밴드를 결성하게 되는데 ──!?
초등신대의 있는 그대로를 드러내는 청춘&음악 분투 드라마, 개막!!

3위 <삼백초가 필 무렵> 한국 미정발
간질로 예측 불가능한 움직임을 하는 시가라키는 클래스에서도 떠오른 존재.
뭐든지 낭비 없이 해내는 우등생의 시미즈는 도공 시간에 훔쳐 본 그의 종이 점토 작품에 마음을 빼앗겨 멀리서 시가라키 관찰을 시작하기로.

어느 날, 시미즈는 우연히 이웃 빈터에 시가라키가 들어가는 모습을 발견한다.
그가 돌아간 뒤, 그 자리에 가자 거기에는 독창적인 형태의 풀인형이 있었다.
그 인형을 본 시미즈는 충격을 받아 시가라키 늪에 빠져 간다…
우등생과 문제아의 불온하고 유쾌한 우정 이야기 개막!

4위 <THE KINKS> 한국 미정발
인간의 근원을 흔들어 긍정하는 「가족」 코미디.

5위 <길가의 후지이> 한국 미정발
아직 누구의 안중에도 없는 진정한 히어로, 후지이!

직장에서는 공기 같은 존재감의 독신 남성.
그런데 그 삶의 방법은 파격의 모습!

코스파, 마운트, 승인 욕구 등을 위해 싸우는 인생이 왠지 아무래도 좋아진다… 우리의 가치관 밖에서 사는 남자가 여기 있다!

6위 <카구라바치> 한국 정발됨
도장(刀匠)인 아버지를 둔 소년 치히로는, 아버지 밑에서 도장이 되기 위한 수련에 여념이 없는 매일을 보내고 있었다.

실없는 아버지와 과묵한 아들. 웃음이 끊이지 않는 일상이 언제까지
고 계속될 줄 알았지만… 어느 날 비극이 들이닥친다….

피로 점철된 인연과 다시 돌아갈 수 없는 일상.
소년은 증오심을 불태우며 뜨거운 결의를 가슴에 품는다….

7위 <라이라이라이> 한국 정발됨
걸 미츠 에일리언!
외계인과 전쟁으로부터 50년——
이치가야 스미레, 18세.
아버지가 남긴 빚 상환을 위해 우주 해충 구제 회사에 근무하는 날들.

그런 스미레의 일상이, UFO에 잡히면서 일변한다…!
머리 속에서 들리는 누군가의 목소리…
습격하는 우주해충…

게다가 군사기업으로부터도 노려져——!
일하는 소녀와 외계인 SF 액션 코미디, 개막!

8위 <이 세상은 싸울 가치가 있다> 한국 정발됨
이토 키리, 사회인 3년째.
쌓인 에너지 드링크, 일 부진,
성희롱 직장에 가스라이팅하는 남자 친구.

'사람에게 도움이 되고 싶다'는 마음 하나로
살아가는 날이었는데, 한 통의 봉서가 도착한다.
거기에 들어 있던 것은 한 장의 카드.
그것은 그녀가 자유롭게 살 권리가 되었다.

25세, 바치기만 하는 삶의 끝.
그리고 인생 최대 마지막 리벤지가 시작된다!

9위 <COSMOS> 한국 정발됨
타인의 거짓말을 꿰뚫어 볼 수 있는 고등학생, 미즈모리 카에데는 건
조한 삶을 살아왔다…. 수수께끼의 여고생 호무라 린을 만나기 전까
지는.

실종된 미즈모리의 친구 아이자와를 지구 외 생명체(에일리언)라 부
르는 호무라.

호무라가 말하는… 우주인 전문 보험회사 「COSMOS」란— .

무공의 경지

1. 개요

무협 장르에서 무림인의 실력이나 성취를 표현하는 개념.
보통 삼류, 이류, 일류, 절정으로 나뉘며, 여기에서 작가의 취향에 따라 초절정이나 화경, 현경, 생사경 등이 추가되곤 한다. 요즘은 현경까지는 자주 나오는 추세. 문파 혹은 무공의 성취에 따라서 경지가 추가되기도 한다.

이러한 경지의 분류는 하나로 획일화되어 있는 기준이 아니라 작가의 취향에 따라 전혀 다른 경지 및 체계를 따르는 소설 역시 존재하며, 경지의 차라는 것이 절대적이지도 않아서 상성이나 컨디션, 전략에 따라 낮은 경지의 무인이 높은 경지의 무인을 무찌르는 경우도 있다.

현재는 무협 뿐 아니라, 이능력이 나오는 모든 종류의 한국 장르소설에서 배경 세계를 따지지 않고 등장하곤 한다. 대표적인 것이 소드마스터.

무협 소설에서의 용어긴 하지만 실제로도 존재하는 용어로, 뜻 역시 대동소이하다.

2. 종류

삼류(三類)

- 중소문파의 내문제자거나 대문파의 외문제자들이 대부분 이 경지에 도달해있다. 일반적으로 사람들이 무공에 처음 입문했을 때를 뜻하며, 내공을 담아 운기할 수 있는 단계를 뜻한다.

경지 중 최하급을 통틀어 지칭하기 때문에 몇몇 소설에서는 내공을 전혀 쓰지 못하는데도 무림인을 자처하는 자를 삼류라고 칭하기도 한다. 보통 동네건달이나 문지기 취급이다. 신승에서도 고수들이 일일이 투입하기에는 뭐한 잡일이나 경비로 사용하기 위해 내공은 없지만 체격은 건장한 성인들에게 찌르기, 배기, 막기. 등 아주 기초적인 것만 가르치고 삼류무사로 쓴다고 한다.

이류(二類)

- 대문파 내문 제자 수준. 초식과 내공을 동시에 활용하며 무공에 숙련되기 시작하는 단계

일류(一類)

- 이 정도의 경지에 도달한 무인들은 대문파의 장로/당주급, 중소문파 장문인을 맡는다.
재능이 없는 일반인이 평생의 노력으로라도 올라갈 수 있는 한계점으로 묘사되며, 외부로 기를 자유로이 발출할 수는 없지만 무기에 기를 담아 강화하여 능수능란하게 무기술을 펼치는 경지로 묘사된다.

일례로 검초나 변초를 사용하는 연계기 검식에 온몸에 체화된 기운을 집중해 검기를 한번 정도로 제한적으로 사용할 수 있으나, 작품에 따라서는 일류의 상징이 검기인 소설도 있다.

사실 전통무협에서는 일류라는 이름답게 일류만 해도 굉장한 고수로 평가받았고, 이 경지에 이르면 검기를 사용할 수도 있었다. 이런 일류를 능가하는 초일류라는 경지도 있었으며, 이마저도 뛰어 넘는, 엄청난 기량의 고수를 절정 고수라 불렀다.

절정(絶頂)

- 신무협에서는 절정 고수 쯤 되어야 고수라고 칭할 수 있을 정도로 기본적인 경지로 취급 받지만, 원래는 이름 자체가 오를 수 없을 정도로 높다는 뜻의 경지로, 구무협에서는 이 경지가 최고의 경지로 통용됐었다.
대부분의 무협소설에서는 검기를 자유자재로 다룰 수 있게 되면 절정으로 평가 받는다.

무공을 익히지 않은 자들도 다수가 협공하면 제압할 수 있는 일류~삼류까지의 무림인에 비해 현격한 차이가 나 일반인은 평범한 수단으로는 제압할 수 없는 경지로 묘사된다.

묘사만 보면 재능이 없으면 절대 닿을 수 없는 영역이지만, 신무협에서는 무림맹이나 오대세가, 구파일방 정도 되면 절정 고수 수십은 기본으로 가지고 있다. 주인공의 상대 역으로 적당한 수준이 필요할 때 단골로 등장한다.

전통무협이나 구무협에서는 신무협으로 치면 화경, 현경의 경지인 삼화취정, 오기조원, 노화순청, 환골탈태도 절정의 경지라 그 위상이 매우 높았었다.

작품에 따라 설정이 다르며 신드로이아 연대기에서는 완성자나 소드 마스터로 취급하며 환골탈태도 일어난다. 사조귀환이나 회귀수선전에서도 절정의 경지가 무림인이 오를 수 있는 최고 경지로 묘사되었다.

초절정

- 삼화취정(三花聚頂)의 경지라고도 하며 운기조식을 할 때, 머리 위에 세 개의 꽃봉오리가 피어나듯 기가 형상화된다는 경지다. 천하백대고수가 초절정에 속한다.
대부분의 무협 소설에서는 재능있는 무림 고수의 한계라고 여겨지며, 검기와 검사를 완전히 통달하였으며 경우에 따라서는 그 다음 단계인 검강을 제한적으로나마 사용할 수 있다.

초절정부턴 완전히 한국 무협 소설의 창작이다. 묵향 이후 정립된 경

**무협지 마다
고수의 수준이
제각각이다.**

지놀음 설정 전에는, 일류만 해도 굉장한 고수고 일류를 뛰어 넘는 엄청난 기량의 고수를 절정 고수라 불렀다.

이전에 절대의 고수의 상징이었던 삼화취정이나 오기조원, 환골탈태 등도 절정 고수의 경지였는데 절정을 뛰어넘는 무언가를 만들다가 나온 말이 최절정, 초절정이었다.

이후 묵향을 거치면서 절정 - 초절정 - 화경이라는 구분이 보편적이게 된다. 하지만 전생검신 이후 초절정 다음의 경지가 절대지경으로 나오는 경우도 생겼고 항상 저 경지 구분을 쓰는 건 아니다.

작가에 따라 초절정이 최고의 경지로 설정된 소설들도 적지 않다.

절정 - 초절정 - 화경 테크를 타는 대부분의 무협소설에서는 일반적으로 구파일방, 오대세가, 마교 등 거대 문파의 장로급이 대부분 초절정 고수로 설정된다.

화경

- 오기조원(五氣朝元)의 경지로 운기조식 할 때 온 몸에서 오색의 기운 혹은 고리가 생겨나는 경지다. 오색이 기운이 조화를 갖춰 일부 작품속에서는 조화경이라고도 불리운다.
삼경(三境)의 첫 번째 단계. "화경(化境)"은 약칭이며, 정식명칭은 "조화경(造化境)"이다. 이 경지부터 환골탈태로 인한 반로환동을 겪거나, 늙지 않고, 독이나 더위, 추위에 영향을 받지 않는 모습이 자주 나온다.

삼화취정, 오기조원을 이뤄 검강을 자유로이 발출할 수 있으며, 이기

어검술도 보통 이 경지에 이르러 쓸 수 있다. 무림 최고수급 강자들이 이 경지로 나온다. 이 경지에 들어서지 못한 고수는 아무리 다수가 모여도 검강으로 인해 맞상대가 불가능하기 때문에 같은 화경 고수가 아니면 막을 수 없다.

마공과의 경지를 구분하는 경우에는 '극마(極魔)'가 화경에 대응된다.
묵향에서 정립된 개념 화경이라는 용어는 다른 무협지에도 있었으나, 현경, 생사경과 함께 경지의 개념으로 등장한 것은 묵향이 최초다. 묵향의 설정은 묵향/경지 참고.

대여점 양판소 시절에는 소드마스터와 호환되는 개념의 경지이다 보니 그 시절의 소설에서 보통 작중 당대 최강자 라인에 드는 인물들이 대부분 이 경지이다. 주인공이나 주인공의 발판 또는 주인공 측의 강한 수하나 조력자 중에서도 이 경지에 오르는 경우가 있다.

흔히 초절정을 능가하는 절대고수의 경지로 묘사되나, 무협물에서도 파워 인플레가 미친듯이 가속화되면서 결국 화경의 위엄도 많이 줄었다. 작품에 따라 다르지만 현경 이상의 절대고수에게 순식간에 압살당하는 묘사도 종종 나올 정도.

물론 파워 인플레가 굉장히 심한 작품에서도 화경의 고수는 아무리 못해도 구파일방의 장문인이나 오대세가의 가주, 사도의 종주, 마교 소교주, 새외사궁 궁주등 거대 세력의 수장급 인물로 등장하는 경우가 많으며, 각 세력의 수장급 고수인 정파 무림맹주, 사도제일인, 천마 등의 절대고수들을 제외하면 당해낼 자가 없는 경지로 묘사된다.

현경

- 등봉조극(登峰造極)의 경지로 신선경이라고도 불리운다. 신선경이라는 거창한 이름답게 일격에 산을 가르는 강함을 독자들에게 보여준다. 하지만 요즘 무협지는 파워 인플레이션 현상으로 이후에도 생사경, 자연경, 공허경 등등이 나타나며 생사경이 진정한 신선이라는 뇌절의 뇌절을 거듭한다.

"현경(玄境)"이란, 무협 소설에 등장하는 절대고수의 경지이다. 현묘한 경지를 뜻한다. '신화경' 이라고도 불리는 생사경의 바로 이전 단계이기 때문에 '입신경 (入神境)' 으로 불리기도 한다. 삼경(三境) 의 두번째 단계.

마공과의 경지를 구분하는 경우에는 '탈마(脫魔)'가 현경에 대응된다.
선협지에서는 원영(元嬰)정도에 해당하는 강함을 갖는 경지다.

강기에 완전히 통달하였으며, 작품에 따라서는 그 다음 단계인 심검을 사용하기도 한다. 극소수의 재능을 타고난 무인이 도달할 수 있는 마지막 영역으로, 신무협에서도 강호의 전 역사를 통틀어 몇 안 되는 이만 올랐다고 설정되는 경우가 많으며 주인공이 이 경지에 들면 천하제일인의 칭호를 얻는 경우가 많다.

무초승유초 즉 무초식으로 초식을 제압하는 묘사가 자주 등장한다. 평범하게 휘둘렀을 뿐인데 상대의 허점을 찌른다던지...

무의 이치(武理)에서 벗어나서 마음이 가는대로 최상의 묘수를 펼친다는 말인데 불교에서 말하는 강을 건넜으면 배를 버려라라는 가르침과 유사하다.

대표적인 현경의 무인이 주인공으로 등작하는 작품은 묵향이며 최초 등장 역시 묵향에서 나왔다. 그랜드 소드마스터와 동급의 단계이다.

생사경

- 여기서부터는 보통 무협지에서 잘 등장하지 않고, 등장해도 등선과 같은 경우로 취급하거나 신선의 경지로 취급하는 등, 작가 설정에 따라 조금씩 다르게 나오는 경우가 많다.

생사경(生死境)은 무공의 영역을 처음 벗어나는 경지로, 수명의 한계를 초월하는 단계를 이른다.

소설에 따라서는 신화경(神化境)으로 불리기도 한다.

삼경(三境)의 마지막 단계.
흔히 현경까지가 절세고수의 한계라면, 생사경은 각종 무협소설들에서도 전설의 경지로 취급되며 등장인물의 경지를 후하게 책정하는 작품조차 주인공이나 최종보스 외에는 거의 이르지 못하는 단계이다. 이 정도에 이르면 적대자가 아니라 자연 그 자체에서 깨달음을 얻는 것이 주인공의 목표로 제시되며, 마음이 일면 상대를 제압하는 심즉살 혹은 심검의 경지라 질 상대가 없다고 언급된다.

작품 최후반부가 아니면 등장하는 일 역시 거의 없으며 작품에 따라서 이 수준으로 강해지면 파워 인플레를 막기 위해 그냥 우화등선 시키는 경우도 많다. 그나마 생사경이 주로 나오는 작품은 우주천마 3077과 무협을 모르는 천마님. 신화경이 주로 나오는 작품으로는 천화일로가 있다.

생사경 이후의 경지부터는 작품에 따라 상위 단계인 자연경이나 우주경, 차원경, 공허경, 공령 같은 것이 있기는 하나 이러한 명칭들이 통일되어 있지 않아 작가마다 명칭이 다르다. 이쯤되면 시공간을 절단, 박살내며 자연검, 우주검 같은 것을 사용하거나 작품에 따라서 어지간한 신보다 강하거나 우주적 존재수준으로 묘사하는 작품도 있다. 대표적으로 마검사(소설)과 한중월야 작가의 세계관인 나노 마신과 괴력 난신이 있다.

2회차 환관이 남성을 되찾음에서 생사경은 고금제일을 논하는 초월자의 경지로 소우주를 대우주(大宇宙)에 투영해서 이치를 바꾸어 심상천도를 사용가능하며 내공과 자연지기의 구분이 의미 없는 공령지체(空靈之體)를 이룰수 있다. 초대 천마, 달마대사, 장삼봉, 왕중양, 검선 여동빈, 혈세신마와 혼원검제 등 하나같이 무림사에 이름을 새긴 전설적인 인물뿐이라고 한다.

나노 마신과 괴력 난신, 절대 검감 등 한중월야작가의 세계관의 경우는 경지 항목참조. 생사경 다음으로 자연경->공허경->여의경이 나온다. 이기어검의 경지를 넘어서 진기를 이용한 무형검을 사용할 수 있게 되며, 죽어서나 도달할 수 있는 전설의 경지로 불린다. 생사경에 도달한 인물들은 손에 꼽는다.

마검사(소설)에서는 자신과 타인을 관조할 수 있는 경지로 백낙천, 천절무황, 천마신교 대종사, 단리종후, 묵월, 동사왕 등이 생사경에 도달했으며 그다음 경지인 공령은 육신을 버리고 우화등선하는 신화경, 깨달음은 얻었으나 육신을 가지고 지상에 남는 삼재경으로 경우가 나뉜다. 삼재경은 주인공인 천우와 천마정도로 천우는 생사경에서 벽을 두 번 이상 뛰어넘었다고 한다.

-맹주 사후에선 환골탈태를 이루고 강기를 사용하는 초절정 이후로 탈인경과 입신경이 등장한다. 입신경은 등선한 무왕뿐이다.
-무협을 모르는 천마님 - 천하십대고수급 그이상의 경지는 자연경이라고 자칭한 맹주가 있다.
-무협지 안으로 들어와버렸다에서는 이 생사경에 도달하면 신선이 되는데 강제 우화등선에 오욕칠정이 자동으로 사라져서 저항도 못하고 신선이 되어 세상에서 사라진다.
-묵향 - 장백산의 괴인
신드로이아 연대기에서는 생사경은 자연경으로도 불리며 우주적 존재라는 황제클래스의 경지중 하나다. 검황, 남궁일검, 한재연등이 대표적으로 생사경에 올랐다. 다음으로 상급신의 경지인 무신경(武神境)이 있다. 최상급신인 무신 다크는 그이상의 경지로 추정된다.
-신마경천기에서는 혁운성과 역천교주가 신화경에 올랐다. 다만 역천교주는 편법으로 신화경에 올랐다고 한다.
-우주천마 3077 - 이목진이 3000년대에 눈뜨기전 미완의 생사경만으로도 무림일통에 도달했으며 진정한 생사경에 오르며 마지막화에 죄의 화신체를 완성된 심검으로 퇴마하면서 무의 극한이라는 곳을

본다.
-이 무림의 미친년은 나야는 생사경 이후는 기천경->자연경으로 구분된다. 각 경지에서 초기 중기 후기 등으로 세분 가능하다. 기천경만 되도 우화등선이 가능하며 자연경은 무천대제 뿐이라고 한다.
-은하천마전설에서는 생사경은 그냥 실력자 정도로 지표면에 크리에이터를 남길수 있는 자연경->별을 벗어난 지출경->행성으로 비유되며 행성파괴급 무력을 내는 차성경->항성으로 비유되는 성아경이 있다. 번외로 승천경이 존재.
-자칭 천마를 주웠다에서 생사경은 수명이 사라지는 신선의 경지다. 그다음은 신의 경지인 신화경이 있다.
-천화일로에서 하단전까지는 절정, 중단전을 열어 강기에 입문하면 화경, 상단전을 열어 의체를 이루고 의념무형에 입문하게 되면 현경, 천문을 열어 의념무형을 완성하면 신화경이다. 무림의 십걸, 마교의 십마가 대표적이다.
-퓨전펑크의 전생자에서 생사경은 11레벨로 마법의 9위계에 필적한다. 삼존이 올랐다고 한다.
-하북팽가 막내아들에서는 화경이나 현경대신 초월경이나 절대경이라고 불린다. 그위로 자연경이 존재한다.
-할배무사와 지존 손녀 - 유진산과 유설이 생사경에 오른다.
-회귀했더니 무공 천재에서 생사경은 sss급으로 그다음 경지인 자연경과 신선들조차 두려워하는 탈신경이 존재한다. 그다음으로는 무경이라 임시로 이름붙인 경지가 있다.
-SSS급 죽어야 사는 헌터에서 천마가 죽기전에 도달했으며 검제와 극후반의 김공자도 도달한 것으로 추정된다.

등선

우화등선(羽化登仙)은 현실의 몸을 벗어던지고 신선이 되는 것을 뜻한다. 도가에서 수행하는 모든 도인이 지향하는 지점. 하지만 그걸 현실에서 이루어 낼 수는 없으므로 도가에서는 죽으면 우화등선할 수 있다고 하였다. 실제로 도력이 높은 도사가 죽으면 우화등선했다고 표현한다.

그런데 글 그대로 해석하면 뜻이 깃털 우, 될 화, 오를 등, 신선 선이다. 이는 진대까지만 해도 신선은 날개가 달린 인간의 모습을 했기 때문이다.

출전은 소동파의 《전적벽부》
飄飄乎如遺世獨立 (표표호여유세독립) 세상을 떠나 온 듯이 홀로 훨훨
羽化而登仙 (우화이등선) 날개를 달고 날아 올라 신선이 되어.

기상 캐스터를
알아보자.

MBC편

금채림

1998년 10월 23일 (26세)
충청북도 보은군
167cm, 48kg, A형, 235mm
MBC 보도국 과학기상팀 2021년 5월 31일~

MBC 뉴스투데이 평일 (2023년 5월 1일 ~ 현재)

_thegayoung ✓ · 철도우

수성점 · 2수

lucky91478 가영아? 선배단톡방 진짜임? 진짜면 골때리는 그녀들 하차해라?^^ 알았지??

5일 좋아요 6,011개

답글 보기(5개)

ososerr 댓글안쓰는데 사실이 맞다면 사과문 쓰고 모든 프로그램 하차하시는게 맞을 것 같아요 ....

4일 좋아요 2,916개

답글 보기(2개)

skiboarddddddo 당신같은 사람이 정말 소름 돋습니다..

3일 좋아요 3,680개

hookj7507 고인을 절대 평생 잊지마시길 고 오요안님의 명복을 빕니다

4일 좋아요 1,727개

lllllyre3 장례식장조차 안간거 사실임?

3일 좋아요 1,716개

eefloxx 사람을 죽였는데 죄책감은 안드시나요?

3일 좋아요 5,168개

qktpwls24 동료 캐스터가죽어도 명복따윈없네

1주 좋아요 2,547개

답글 보기(3개)

좋아요 3523개
1월 18일

김가영

생년월일: 1989년 5월 14일
서울특별시
키: 160.9cm 몸무게: 45kg
MBC 보도국 과학기상팀 (2018년 7월 ~ 현재)

2021년 4월 10일 ~ 현재
MBC 뉴스데스크
주말

2022년 7월부터 SBS 예능 골 때리는 그녀들의 FC 원더우먼 멤버로 활약 중이다.

박하명

생년월일: 1989년 11월 17일
경기도 용인시
167cm, 48kg
MBC 보도국 과학기상팀 (2018년 7월 ~ 현재)

과거 아프리카TV 여캠BJ 천사랑이었다는 사실이 드러났다. 아프리카 TV 방송만으로 문제가 되는 것은 아니나 수많은 논란의 당사자인 BJ 커맨더지코와 합방을 하며 술을 마시는 등 부도덕적이고 높은 수위의 방송을 하는 사람들과 어울렸다는 것이 드러나 논란이 되고 있다. 특히 여초에서는 남성 우월주의적인 사람들과 어울리며 여성을 성적 도구화 시켰다는 사실도 주목하고 있다

이현승

1985년 2월 9일
MBC 보도국 과학기상팀 (2010년 ~ 현재)

2018년 8월 18일, 1살 연상의 트로트 가수 최현상과 결혼했다.
입사 전 일본의 기상 회사 웨더뉴스의
글로벌 웨더자키 12기로 일한 경력이 있다.

최아리

1989년 2월 22일
키 160cm, 체중 45kg
MBC 보도국 과학기상팀 (2018년 8월 20일 ~ 현재)

MBC 뉴스데스크(평일) (2019 ~ 현재)

고 오요요앤나

삼가 고인의 명복을 빕니다.

일본 어느 시골의 무인상점

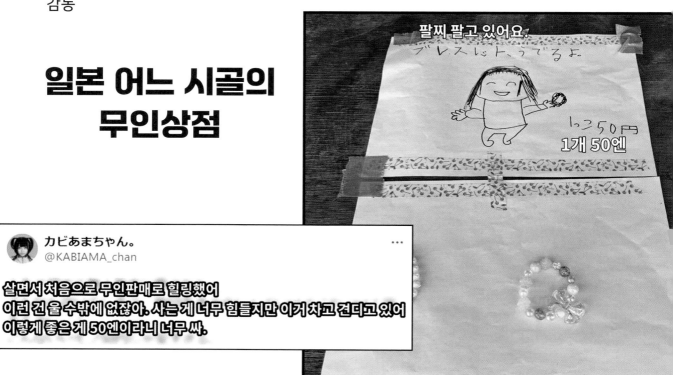

カビあまちゃん。
@KABIAMA_chan

살면서 처음으로 무인판매로 힐링했어
이런 건 올 수밖에 없잖아. 사는 게 너무 힘들지만 이거 차고 견디고 있어
이렇게 좋은 게 50엔이라니 너무 싸.

이분이 예쁜 팔찌 팔아줘서 고맙다고 편지를 썼고, 500엔도 같이
넣어서 판매대에 올려둠.

그러자 답장이 왔는데,

팔찌를 사준 언니에게

검은고양이

팔찌를 사준 언니에게

25

편지 내용 일부

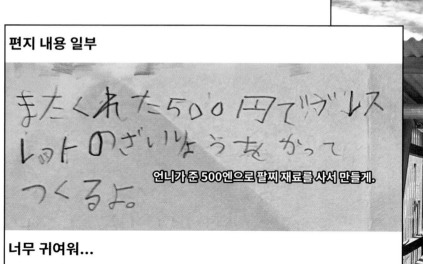

またくれた 500 円でガラス
レゃのざいりょうを かって
つくるよ。

언니가 준 500엔으로 팔찌 재료를 사서 만들게.

너무 귀여워...

그렇게 며칠 뒤,

팔찌 사준 사람
사탕 가져가도 돼!

사줘서 고마워♡
かってくれて
ありがとう..♡

Seasonic: 순수하게 재료비 만해서 팔았나 보네.

레알소녀시다드: 재능러 ㅋㅋㅋ 어린 아이 같은데 미감 미쳤음

DEVELON: 근데 너무 이쁜데? ,,,,

Laking: 팔찌도 이쁘고 마음씨도 곱구나

육해공: 나도 우리 딸 덕분에 나갈때 팔찌하고 나가고 현관문 닫히면 바로 빼서 주머니에넣음ㅋㅋㅋ

무개념첼시팬: 딸이해주려면 걍 직장에 자랑해도되는걸 왜

부라알하트: 저거 주작이라고 결론 남
자유갤러리: 힐링되네

무라세슌스케: 아 나도모르게 흐뭇하게 웃고있네

양쯔강: 주작이고 나발이고 그냥 너무 흐뭇하다

북극곰은사람을: 아니 ㄹ이이쁘디

호올스는멘톨: 이런 감성 너무 좋음

미지의세계: 알고보니 동네 할아버지가 재미로 만든 거라면

고칼슘: 내가 90먹고 너는 글하고 그림만 그려서 배분율은 캔디로 하자고

시로링: 나도 얼마전에 초등학생들이 직접 그린 독도 나무판을 3000원에 팔고있길래 샀더니 수줍어하면서 너무 뿌듯해하더라. 사는 내가 기분이 더 좋았음

85년생공포영: 어디서사셨어요? 당근이면 저도 사주고싶어여

헬쓰크림: ㅋㅋ참 귀여운 동심이다 나도 초딩 중 저학년땐 친구들이나 친척형누나랑 편지 주고받고 그림 그려주고 막 그랬었는데 진짜 거진 20몇 년만에 생각났네

홀란아빠: 이게 세상 사는 모습인데 요즘은 너무들 날이 서있는거 같애

댓글

BEST 시네마토: 이거 보고 자는 조카 깨워서 내일까지 팔찌 서른개 만들어 오라 했다 내가 90 먹고 10% 떼주기로 했다

BEST 황태포: 팩트) 그냥 순수함 보정 빼고봐도 팔찌가 예쁘다

BEST 니르마나: 세상이 다 이랬으면 좋겠다

(이강인PSG): 낭만봐라

밀프초꼴릿: 50엔은 단가도 안나올거같은데 ㅋㅋ 저런거 파는곳보면 생각보다 비싸더라

kerooo: 팔찌는 이쁘게 잘 만드는거 같은데.... 그림은 ㅋㅋㅋㅋㅋ....

알쓸야잡: 마음이 따뜻해진다

frankie8: 검은고양이보고 무서운 반전인줄

넥니임: 아니 팔찌가 진짜로 예쁜데..?? 여자친구 사주고싶을 정도네 ㅋㅋ

화려한일족: 다음날 1,250엔으로 단가 올린거야?

꿍쌀라빙: 이렇게 시작해서 나중엔 악세사리 공장을 세웁니다

안다미: 와 미쳤따 진짜 너무귀여워...

파압콘: 팔찌도 예쁘게 잘만들었네

재도약: 진짜 외국 애들이 좀 때묻지 않고 순수함 우리나라 애들 욕을 왜이리 많이 하는건지...

휘리리리리링: 미디어에 노출 되는 애들이 대부분 순수한 쪽으로 노출되니 그렇지 외국 어린애들도 막장인 애들 있고 다 그래.

재도약: 제가 외국 10년째 사는데 한국 들어갈 때마다 느껴서 그럽니다... 인터넷이 발전해서 그런가 평균적인 비율이 다르다고 느낌...

무라세슌스케: 한국도 순수한애기들은 순수해여

1 6610LV: 외국 사시니까, 거기선 이런아이 저런 아이를 다 보시겠죠? 결국 착한아이를 더 많이 보실겁니다. 뉴스속 세상엔 범죄자가 많지만 내 주변에는 좋은 사람이 많은것처럼요

슈슈: 땅이 좁은 아시아권 국가 다 안순수함 얼마나 다녀봤는지 모르겠는데 내 기준 대만 홍콩 싱가폴 다 그냥 우리나라 애들이랑 비슷

유사닉네임: 인도애들 동양인들보면 칭챙총한다

실시간 베스트 모음

아들챙기는 엄마 레전드.JPG

엄마
뭐먹을래?
언넝와   오후 9:01

엄마
누룽지에 장조림어때?   오후 9:03

                오후 9:03

엄마
뭐라는거?   오후 9:03

엄마
좃만아   오후 9:04

댓글

○○: 대 황 머 니
○○: 개웃기노ㅋㅋㅋ
○○: ㅋㅋ 그래서 머 어쩔건데
ㄹㅇ 이모티콘 뭐 어쩌란거노
ㅋㅋ:
○○: ㅋㅋㅋㅋㅋ
○○: 이런거 대부분 이모티콘
바이럴
○○: 엄마 이쁠거같노 몇살이
냐
○○: 엄마 유쾌하노 ㅋㅋㅋㅋ
로랑: 나 이런거 좋아해
○○: 대 머 니
○○: ㅋㅋㅋㅋㅋ그러게 왜깝
침
○○: 죽에 장조림 근본조합 아
님? 본죽에서도 장조림 주잖아
dd : 암만 쓸모없는 쓰레기새
끼라도 그렇지 좃만이가 뭐노

○○:ㄹㅇ 어미니한테 따박따
박 이모티콘만 보내면 욕먹어
도 싸지
○○: 암만 쓸모없는 쓰레기새
끼라도 그렇지 좃만이가 뭐노
○○: 황머니ㄷㄷ
○○: 미친년 ㅋㅋㅋ
○○: 된장찌개에 쌈싸고 삼겹
살구워서 내놔
○○: 부모고시를 보게해야된
다
○○: 좃모티콘 바이럴
○○: ㅋㅋㅋㅋㅋㅋㅋㅋㅋㅋㅋ
ㅋㅋㅋㅋ
자운: 쇼미더 머 니
○○ : 좃만이 이모티콘 말고
말로 좀 해라
○○: 그러게 어른한테 이모티
콘만 따박따박 보내래?
○○: 역시 서열1위
○○: 뻘하게 웃기네
○○: ㅋㅋㅋㅋㅋㅋ

점점 짧아지는 택배기사.JPG

SKT | 95% 오후 4:32

2017년 11월 6일 월요일
택배물 옥상 실외기 에어컨 뒤에 있습니다 | 오후 4:20
네 감사합니다 ^^ | 오후 4:48

2017년 11월 23일 목요일
택배 옥상 에어컨 실외기에 있어요 | 오후 4:08
네 고생하십니다 ㅎㅎ | 오후 4:51

2017년 12월 4일 월요일
택배 옥상 실외기에 있어요 | 오후 4:43
네 감사합니다 | 오후 5:17

2017년 12월 20일 수요일
택배 옥상 실외기요 | 오후 4:36
네 감사합니다 | 오후 5:18

메시지를 입력하세요

SKT | 95% 오후 4:32

오후 5:18

2017년 12월 29일 금요일
택배 옥상 실외기 | 오후 4:04
네 감사 | 오후 5:22

2018년 1월 9일 화요일
옥상 실외기 | 오후 4:28
감사 | 오후 4:48

2018년 1월 22일 월요일
실외기 | 오후 4:41
네 | 오후 5:46

2018년 1월 31일 수요일
ㅅㄱ | 오후 3:51
오후 4:13

니방부터 치워라.JPG

자지가 좀 작아보였어요.JPG

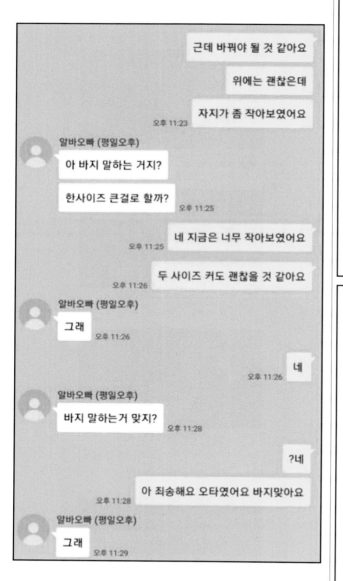

상남자의 일본여행.TXT

완전히 기초적인 단어만 몇개 아는 수준이고 방금 술집에서 어떤 현지인 너무 떠들길래 팼단말야
사장 나와서 뭐라 뭐라 경찰올때까지 기다리란 말 같았음
경찰서 끌려와서 말 안통하니까 대기하다가 도망나왔거든??
낼모레 귀국인데 그때까지 안잡히면 문제 없는거지?

일본 다시 안가면 문제없지 ㅋㅋㅋ 단순폭행범 인도요구를 하진 않으니
2024.09.09 00:03

 ↳ 글쓴 여갤러 (133.175)

  내 신원 아예 모를텐데 다시 못갈게 뭐있음
  그냥 경찰도 팰걸그랬다 쫌 삐리해보이던데
  2024.09.09 00:05

 ↳ 여갤러8 (223.39)

  경찰도 팰걸그랬다는 씨발 ㅋㅋㅋㅋㅋㅋㅋㅋ
  2024.09.09 18:28

 ↳ 여갤러4 (210.117)

  ㅋㅋㅋㅋㅋㅋㅋㅋㄴ
  2024.09.09 20:15

새겨들어라

새겨들어라 부모님 영정사진은 미리 확보하는거다

369ea82a   🕐 2024.02.25   👁 136   •••

🔗 https://www.dogdrip.net/541612278

영정사진이라고 꼭 차려입고 사진관에서 엄근진하게 찍을 필요 없으니까 부모님 카톡 프사 중에 잘나온거 미리 수집해놔라
프사따위 안 올리는 분이면 니 재주껏 무슨 핑계를 대서라든 셀카라도 같이 찍어놔라

왜 미리 확보해야 하는지 나도 알고싶지 않았다
전에도 한번 쓴건데 또 쓴다 나같은 놈들 한놈이라도 줄어들길 바라면서

👍 추천 0   👎 비추천

14d1c7f3   2024.02.25

이거보고 사진찍었는데 갑자기 왜찍냐길래 영정사진 찍는다고 말했더니 욕쳐먹었다

👍 7 👎

     8f42d953   2024.02.25

     @14d1c7f3   직설추

                                 👍 0 👎

     f976088a   2024.02.25

     @14d1c7f3   ㅁㅊ놈ㅋㅋㅋㅋㅋ

                                 👍 0 👎

     1abf2548   2024.02.25

     @14d1c7f3   미친놈아 ㅋㅋㅋㅋㅋ

                                 👍 0 👎

     99f1cb71   2024.02.25

     @14d1c7f3   빨리 셀카찍자 시간이 얼마 안남은거 같다 ㅋㅋ

                                 👍 0 👎

동심이 넘쳐나는 레고 갤러리

[일반] 솔직히 니들도 입으로 피융피융소리 내면서 갖고노냐?

히스(223.38)   2020.06.04 19:37
조회 175   댓글 8↓   🔍 🔍

난 갖고노는데

⭐ 10 💬2   ✕ 13   ⬦ 🔖

댓글 8 🔄

✓ 등록순   ✓ 최신순   ✓ 답글순

ㅇㅇ(39.118)   •••

비추머임
2020.06.04 19:40

ㅇㅇ(221.143)   •••

엄마한테 하나들고 나쁜편 해달라고함
2020.06.04 19:42

   ↳ 탈란지 🔗
     ㅅㅂ ㅋㅋㅋㅋㅋㅋㅋㅋㅋㅋㅋㅋㅋ - dc App
     2020.06.04 20:05

   ↳ ㅇㅇㅇ 🔗
     ㅅㅂㅋㅋㅋㅋ

사랑니 엑스레이.jpg

2024.08.14 01:17

Diegomiw　조회수 **186256**　추천수 **256**　댓글 **374**

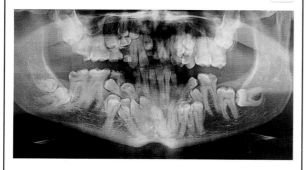

양념 적을시 내용증명 보내겠습니다

MOM'S TOUCH

싱글치킨세트
★★★★★
맛★5　양★5

이보쇼 양념치킨은 양념에 푹 절궈야 양념치킨이지
양념을 대충바르지마쇼, 양념치킨 양념적으면
정말 섭섭합니다 -단골백-

싱글치킨세트

주문 옵션 보기 ∨

가게 요청사항　　　　　　　　　수저, 포크 X
　　　　　　　　　　　　이번에도 치킨에 양념이
　　　　　　　　　　　　적을시 내용증명보내겠습니다

BEST　54395734　6 시간 전　👍 426　👎 … 💬 댓글

재떨이 아니냐?

　　뚱땡이고동코코　6 시간 전　👍 6　👎 … 💬 댓글
54395734 너무한거 아니냐 ㅋㅋㅋㅋㅋㅋㅋㅋㅋㅋㅋㅋㅋㅋ
ㅋ

　　바람타고붕붕　6 시간 전　👍 👎 … 💬 댓글
54395734 그래도 사물은 ㅅㅂㅋㅋㅋㅋㅋㅋㅋㅋㅋㅋㅋ

　　우승청부사제라드　6 시간 전　👍 👎 … 💬 댓글
54395734 미친놈인가ㅋㅋㅋㅋ

　　야유랑　6 시간 전　👍 👎 … 💬 댓글
54395734 와 씨 1등이다 ㅋㅋㅋㅋㅋ

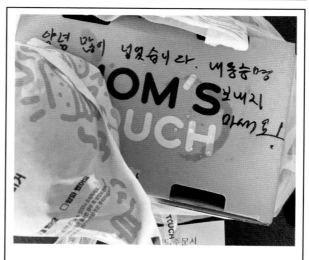

성형외과도아닌데 의사도 아닌년이 실장 직함달고

견적서 처 내고있음

로비 개화려함 , 은행같이되어있음

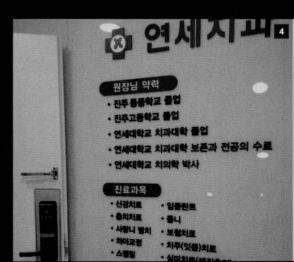

편붕이 3일차 이거뭐냐? 📱

편갤러(218.158)   2024.05.25 20:38

조회수 2269   추천 39   댓글 24

사람없는데 나먹으란거냐?

익명
10/07 01:48

낮에 길에서 어린아이가 울고 있길래 도와주면서

미아라는 말이 생각안나서 혹시 고아니라고 했더니 애 더울더라...

👍 1   💬 3   ☆ 0

👍 공감   ☆ 스크랩

글쓴 **편갤러** (218.158)
범인 찾음 밖에손님이 차게먹고싶었는데 - dc App
05.25 20:45

    └ 반달찌찌곰 📱
      ㅋㅋㅋㅋㅋㅋㅋㅋㅋㅋㅋㅋㅋㅋㅋㅋㅋㅋㅋㅋ - dc App
      05.25 20:45

    └ ㅇㅇ (49.170)
      조용히 안에다가 청산가리타자 미래를위한 일이다
      05.26 01:41

    └ 아무튼내잘못아님 📱
      대가리에 우동사리가 찼나 ㅋㅋㅋㅋ - dc App
      05.26 13:51

물가는 오르는데 월급만 안오른다는사람 좀 불쌍함

ㅇㅇ(122.39)

조회 12 · 2024.07.05 03:50   🔔알림   2 ˅

나처럼 최저임금만 받으면 매년 오르는데

ㅇㅇ 님의 [작성글 검색]   🚨 신고

아침에 어떤 개새끼가 차 안빼주길래 🗎

차갤러(116.36)　2024.06.15 12:55

조회수 5047　추천 140　댓글53

자전거 앞바퀴에 묶어두고 택시타고 출근함 씨발련 너도 못탄다

아침에 자전거 묶어놓고 출근한 후기 🗎

차갤러(116.36)　2024.06.15 13:19

조회수 5387　추천 75　댓글59

왕복 택시비 이체받았고 자물쇠 비번 알려줬다
훈훈한 마무리

육군　　　　ⓘ　설정Ⓝ　연관　**글쓰기**

2025. 3. 5. HOMECOMING
리니지M

우리부대에 고죠사토루 있었음 🗎

육갤러(223.38)　2025.01.28 17:10

조회수 5678　추천 80　댓글9

지금은 전역한 선임인데 담배 피러 올때마다
흡연장에서 "료이키 텐카이 담배공초"
이러고 손가락 저렇게 만들면서 담배불 붙이면
짬찌들 그자세 그대로 이새끼 담배 다필때까지 못움직였음

이새끼가 개악질인게 깨어날때도 "크으윽..!" 하면서 움직여
야함
이새끼때문에 그냥 버린 담배가 한갑은 될듯.

"이봐 형씨! 그녀석은 반품만 30번 당한 폐급이라고"

○ ○ (121.162)　　　　　　　　2021.01.18 13:22
조회 16532 댓글 202 ↓　　　　　　　　🔍 🔍

"고양이귀를 단 불길한 녀석이라고 다들 반품했지. 더 죽여주
는 아이들이 많으ㅡ"

"이 녀석으로 하지."

"에...에에엑~~~~?!!"

○ ○ 님의 [작성글 검색]

혜실미소 □
'엣...어째서...아픈 짓 하지않는 거야...?'
2021.01.18 13:23

┗　○ ○ (112.154)
　　ㅋㅋㅋ
　　2021.01.18 13:24

┗　○ ○ (110.14)
　　안봤는데 다 알꺼같.　ㅋㅋㅋㅋ - dc App
　　2021.01.18 13:24

┗　○ ○ (121.162)
　　ㅋㅋㅋㅋㅋㅋㅋㅋㅋㅋㅋ

빔보◈□
100퍼 유리잔 실수로 깨뜨림
2021.01.18 13:32

┗　○ ○ (121.156)
　　"죄송해요 죄송해요 히익-" "...손은 다치지 않은거야?"
　　2021.01.18 13:35

┗　○ ○ (1.243)
　　ㅋㅋㅋㅋㅋㅋㅋㅋㅋㅋ
　　2021.01.18 13:37

┗　○ ○ (211.107)
　　그런것보다 상처는?
　　2021.01.18 13:37

┗　○ ○ □

　　2021.01.18 13:45

┗　○ ○ (221.140)
　　ㅋㅋㅋㅋㅋ
　　2021.01.18 13:49

┗　○ ○ (118.235)
　　"하지만...주인님사마가 아끼던 유리잔이 호옥" "어이 그런건
　　어떻게 되어도 상관없다고?!"
　　2021.01.18 13:50

┗　○ ○ (175.126)
　　엣? 혼내지 않아? 나.. 유리잔깼는데?

┗　○ ○ (115.138)
　　ㅋㅋㅋㅋㅋㅋ
　　2021.01.18 13:53

┗　혜실미소 □
　　(얼굴이 발그레해지며 눈가에 눈물이 맺힌다)
　　2021.01.18 14:03

┗　ㅇ?ㅈ □
　　ㅋㅋㅋㅋㅋㅋㅋㅋㅋㅋ
　　2021.01.18 14:07

┗　○ ○ (61.74)
　　ㅋㅋㅋㅋㅋㅋㅋㅋㅋㅋㅋㅋㅋㅋㅋ
　　2021.01.18 14:16

┗　○ ○ (221.163)
　　ㅅㅂ 댓글 다 다르네 ㅋㅋㅋ 만력보소
　　2021.01.18 14:26

┗　아기보컬시로 □
　　좆같오 ㅋㅋㅋㅋ
　　2021.01.18 14:28

┗　○ ○ (221.138)
　　아 시발 ㅋㅋㅋㅋㅋ

태어나자 마자 혼자였고 보육원에서 자람
친인척 없다
가족을 만들기 무서워서 40 평생 혼자 살음
누구한테 제사냐면 우리 조상님한테 지내는거다 근데 누군지
모름

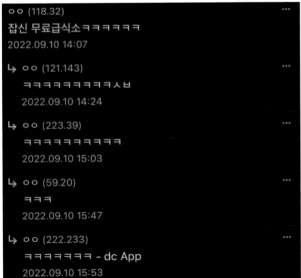

○○ (118.32)   ...
잡신 무료급식소ㅋㅋㅋㅋㅋㅋ
2022.09.10 14:07

↳ ○○ (121.143)   ...
　ㅋㅋㅋㅋㅋㅋㅋㅋㅅㅂ
　2022.09.10 14:24

↳ ○○ (223.39)   ...
　ㅋㅋㅋㅋㅋㅋㅋㅋㅋㅋ
　2022.09.10 15:03

↳ ○○ (59.20)   ...
　ㅋㅋㅋ
　2022.09.10 15:47

↳ ○○ (222.233)   ...
　ㅋㅋㅋㅋㅋㅋㅋ - dc App
　2022.09.10 15:53

갤러리&통합검색   🔍 최근 방문

갤러리   마이너갤   미니갤   뉴스   게임   위키 ▼

공익   ⓘ 설정 연관 글쓰기

여기서 희귀병공익있냐 ▯
발기조차귀찮아.. ▯   2017.12.15 15:14   갤로그 가기

조회수 16487   추천 124   댓글 73

무슨병이냐

- dc official App

124   ★   ⬇   1
▭ 19   개념   비추

🅷 힛추   🅑 실베추   📢 신고

○○ (211.226)   ⊗
알츠하이머
2017.12.15 15:14

발기조차귀찮아짐 ▯
네다음ㅋㅋㅋ - dc App
2017.12.15 15:14

○○ (211.226)   ⊗
알츠하이머
2017.12.15 15:15

○○ (211.226)   ⊗
아 댓글 썼었네...알츠하이머라 ㅋㅋㅈㅅ
2017.12.15 15:15

○○ (211.226)   ⊗
알츠하이머
2017.12.15 15:15

발기조차귀찮아짐 ▯
미친놈 그만 - dc App
2017.12.15 15:16

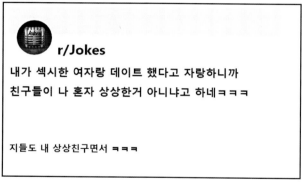

익명
08/21 23:17

요즘 여자친구가 바람 피는 것 같아서 조사를 좀 해보니까

역시나 딴 놈이랑 놀아나고 있더라...
나랑 2년 정도 사귀었는데 진짜 배신감 어떡하냐...
물론 내가 고백도 안하고 그냥 속으로 혼자 사귄다고 생각하는
중인 거라 여자친구는 내가 남자친구인지 모르긴하는데
그래도 함께한 시간이 있는데 이건 진짜 아니지 않나?

👍 61　💬 17　⭐ 0

👍 공감　⭐ 스크랩

익명1　BEST
이건 뭔 신박한 개소리지?
08/21 23:17　👍 21

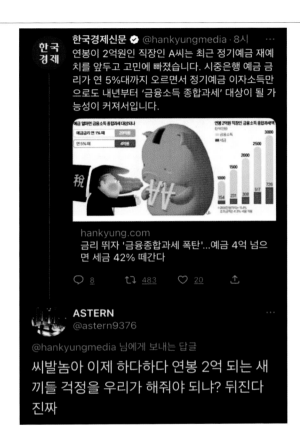

한국경제신문 @hankyungmedia · 8시
연봉이 2억원인 직장인 A씨는 최근 정기예금 재예치를 앞두고 고민에 빠졌습니다. 시중은행 예금 금리가 연 5%대까지 오르면서 정기예금 이자소득만으로도 내년부터 '금융소득 종합과세' 대상이 될 가능성이 커져서입니다.

금리 뛰자 '금융종합과세 폭탄'...예금 4억 넘으면 세금 42% 떼간다
hankyung.com

ASTERN @astern9376
@hankyungmedia 님에게 보내는 답글

씨발놈아 이제 하다하다 연봉 2억 되는 새끼들 걱정을 우리가 해줘야 되냐? 뒤진다 진짜

물가 오른거 존나 체감되긴 하네
2024.03.07 21:58

조회 수 14678　추천 수 166　댓글 42

fmkorea.com/6795781626　복사

내가 어릴 땐 심부름 하라고 5000원을 받으면, 마트에서 계란 한 20개 한 판 사고 감자 한 봉지 사고 두부 두 모 사 고 콩나물 한 봉지에 토마토도 조금 사고 생닭 한 마리에 콜라를 사고도 돈이 남았음

지금은 CCTV가 발달해서 그렇게 못함

BEST　우룩　14 분 전　👍 168　💬 4
딸이 저금통에 손대길래 와이프가 차에 태워서 경찰서앞까지감. 경찰서에서 자수하고 감옥가야한다니까 자기 감옥가서 착해져서 올테니까 기억해 달라고 말하길래 다시 태워서 집에옴

유메카나　13 분 전　👍 2
우룩 ㅋㅋㅋㅋㅋㅋㅋ

자기부상열차마팁　13 분 전　👍 3
우룩 ㅋㅋㅋㅋㅋㅋㅋㅋㅋㅋ 이게 더 웃기네 ㅋㅋㅋㅋㅋㅋ

우룩　11 분 전　👍 24
자기부상열차마팁 집에와서 목욕놀이 시켜줬더니 감옥갈뻔하다가 집에서 목욕하니까 너무 좋대서 빵터짐

BEST　전국신　10 분 전　👍 79
우룩 초보: 울면서 잘못했다고 한다
고수: 나를 기억해달라는 의미심장한 말을 남긴다

미국 주식 ⓜ
ⓘ 설정Ⓝ 연관　글쓰기

[일반] 이 씨발럼이 지금 누구 놀리냐? 🔲
○○(211.234)　2024.08.02 16:54

조회수 4767　추천 144　댓글26

주식 손실지원금 지급 💲　9분 전
오늘의 손실지원금 50원 받으세요.

뒤지고 싶은거임??

일본갈땐 일본어 좀 알고가는게 좋다

c8492ed9 · 6 분 전 · 👁 29

🔗 https://www.dogdrip.net/219940189

그냥 놀고다니는건 1도 불편한거 없었는데

지하철에서 한번 어떤쪽바리새끼랑 시비가 붙었음

내가 다리꼬고 앉아있었는데 발로 서있던 그새끼 다리에 좀 닿았나봐

내가 잘못한거니 사과하면 그만이긴한데

이 시발새끼가 뭐라고 존나 떠들면서 찐따불길래

순간 빡돌아서 자리에서 일어나서 딱 붙을준비함

근데 욕을 모르겠는거야

게다가 뚜껑이 열린상태라 그나마 아는 단어 조합도 안됨

그러다 나온말이 야메떼

그거 듣더니 픽 웃고 그냥 자리피하더라

시발 존나 개새끼

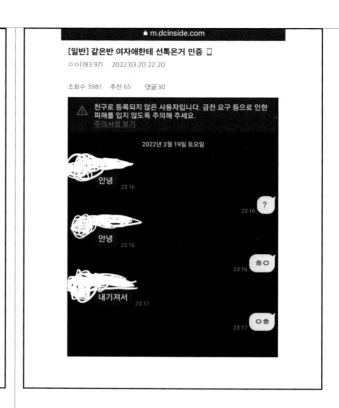

[일반] 같은반 여자애한테 선톡온거 인증 🔲

○○(183.97) 2022.03.20 22:20

조회수 3981 추천 65 댓글 30

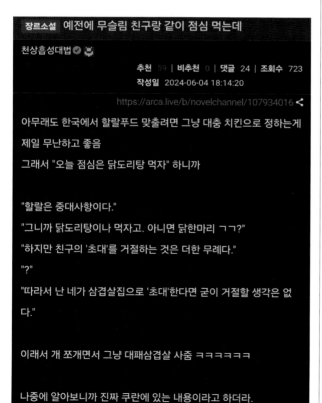

장르소설 예전에 무슬림 친구랑 같이 점심 먹는데

천상흡성대법 ✅ 🏅

추천 59 | 비추천 0 | 댓글 24 | 조회수 723
작성일 2024-06-04 18:14:20

https://arca.live/b/novelchannel/107934016 ◁

아무래도 한국에서 할랄푸드 맞출려면 그냥 대충 치킨으로 정하는게
제일 무난하고 좋음

그래서 "오늘 점심은 닭도리탕 먹자" 하니까

"할랄은 중대사항이다."

"그니까 닭도리탕이나 먹자. 아니면 닭한마리 ㄱㄱ?"

"하지만 친구의 '초대'를 거절하는 것은 더한 무례다."

"?"

"따라서 난 네가 삼겹살집으로 '초대'한다면 굳이 거절할 생각은 없
다."

이래서 개 쪼개면서 그냥 대패삼겹살 사줌 ㅋㅋㅋㅋㅋㅋ

나중에 알아보니까 진짜 쿠란에 있는 내용이라고 하더라.

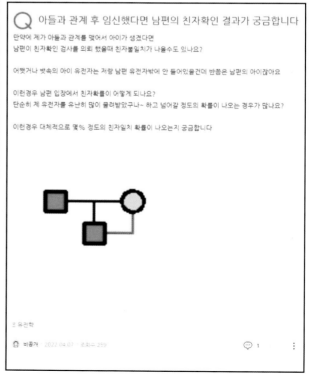

Q 아들과 관계 후 임신했다면 남편의 친자확인 결과가 궁금합니다

만약에 제가 아들과 관계를 맺어서 아이가 생겼다면
남편이 친자확인 검사를 의뢰 했을때 친자불일치가 나올수도 있나요?

어쨌거나 뱃속의 아이 유전자는 저랑 남편 유전자밖에 안 들어있을건데 반씀은 남편의 아이잖아요

이런경우 남편 입장에서 친자확률이 어떻게 되나요?
단순히 제 유전자를 유난히 많이 물려받았구나~ 하고 넘어갈 정도의 확률이 나오는 경우가 많나요?

이런경우 대체적으로 몇% 정도의 친자일치 확률이 나오는지 궁금합니다

[일반] 엄마 아빠 둘다 나가셨다ㅋㅋㅋㅋㅋㅋ

이즈나꼬리만지고싶다   2023.08.05 21:05

조회 1377   댓글 22 ↓   갤로그   ⊖ ⊕ ⚠

김치찌개에 있는 고기 존나 건져먹어야지ㅋㅋㅋㅋㅋ

다 뒈졌다ㅋㅋㅋ

솔직히 트럼프는 총 맞은걸로 유세떠는거 별로임

🄖 황금물고기   🕐 16 분 전   •••

아베는 총 맞아놓고도 그걸로 아무말도 안하는데

이거 받아도 되는거 맞냐? ▪

편갤러(223.38) ㅣ 2023.09.13 22:38

조회수 1434 ㅣ 추천 24 ㅣ 댓글32

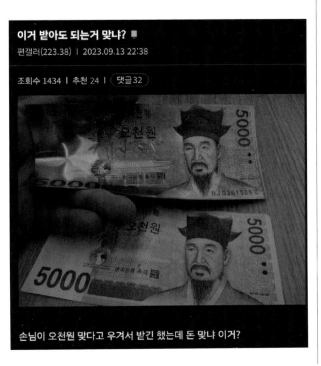

손님이 오천원 맞다고 우겨서 받긴 했는데 돈 맞냐 이거?

좆소기업 식당 복날 메뉴

살면서 이렇게 요염하면서 앙상한 닭은 처음 봄

어둡고 좁은 지하실에 갇혀
친아버지의 요구사항을
모두 들어줘야만 했던 딸

유튜브 리뷰

평범해 보이는 가족

그녀의 아버지는 사사건건 자신을 구속했고

맹세코, 난 18살이 되자마자
여길 떠날거야

세계를 여행할거야

성인이 되면 독립할 거라는 새라의 계획을 듣던 그는

도움을 핑계로 그녀를 지하실로 유인하는데

전에도 도망친 적이 있었나요?

그렇게 그녀를 가두고 떠나버리죠

그녀는 미국의 모든 주를
여행하길 원했소

그리고 그는 아빠라는 탈을 쓰고

Day 7

그렇게 일주일이 흐르고

하지 말아야 할 짓을 하게 됩니다

연락이 끊긴 그녀를 찾아 남자친구가 찾아오죠

다시 날이 밝아오고 엄마는 경찰에
신고를 하게 되는데

저기.. 새라 돌아왔나요?

아.. 새라가 말 안했나?

-아빠, 나는..
-돈이라고 불러

새라는 항상 성인이 되면
그와 함께 도망칠거라고 했었지

착하기도 하지

새라 전화가 오면 네가 들렀다는걸
꼭 이야기 해줄게

Day 38

이제는 대놓고 짐승이 돼버린 남자

정상적으로 나갈 수 없다는 걸 알게 된 그녀는

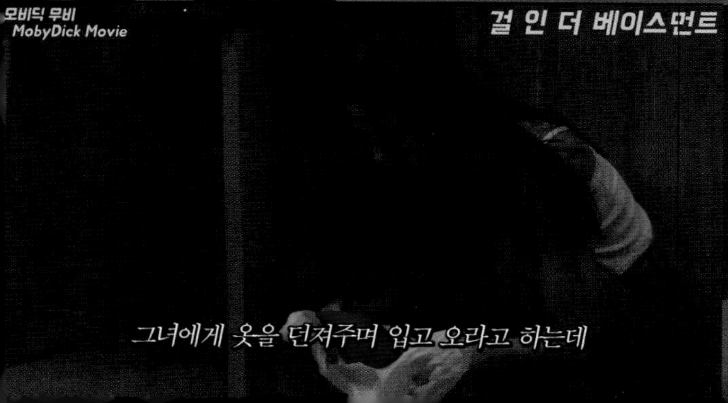

그녀에게 옷을 던져주며 입고 오라고 하는데

이 짐승을 해치워야 한다는 사실을 알게 됩니다

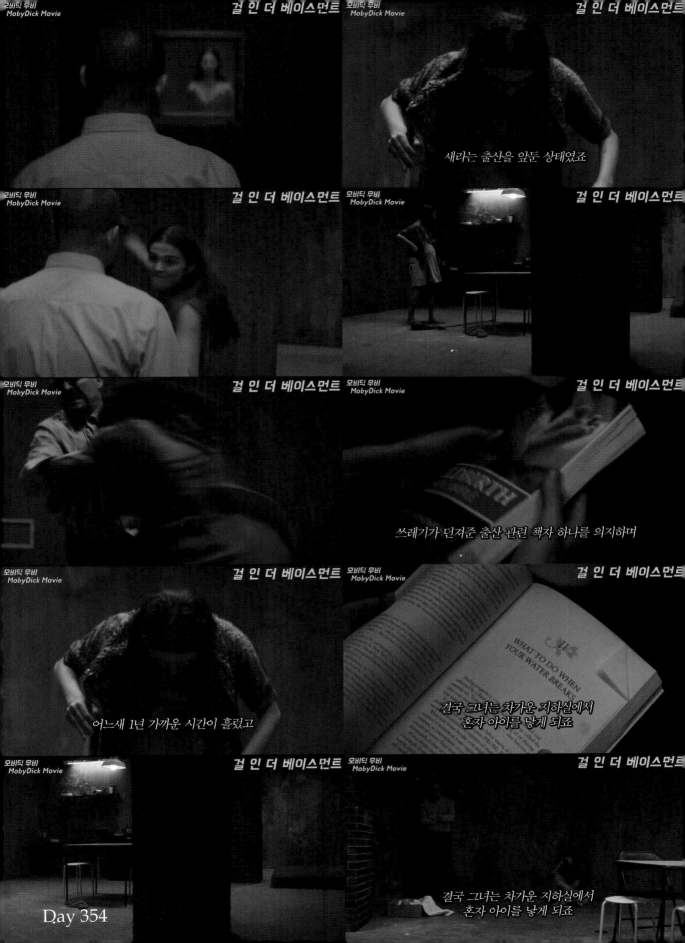

가장 좋은 일이다.
여자한테 일어날 수 있는 일이지

Year 7 7년 후 당연하게도 안 좋은 환경에서 살게된
감금 7년째

Year 4 감금 4년째

아이들은 잦은 잔병치레를 하게 되죠

시간은 흐르고 새로운 아이까지 임신하게 된 새라는

마리에겐 의사가 필요해!

아직 늦지 않았어요..
우리 셋이 한가족을..

그리고 이 지옥 속에서

그게 가능할 거라 생각해?

셋째까지 낳아야 하는 상황이 찾아오는데

네 자식중 한명을
버리겠다고?

이걸 뭐라고 부르지?

이 공간은 두명이
크기에도 부족해요

그녀는 이 짐승에게 한 가지 부탁을 하게 되는데

마치 가출한 자신이 버리고 간 것처럼

이 아이는 위층에서
키우게 하면 어때요?

엄마에게 맡겨달라는 것이었죠

넌 어떻게 엄마라는 애가
그런생각을 할수있지?

엄마에게 맡겨달라는 것이었죠

사랑하는 엄마에게.
잘 지내고 있길 바래.

연락 못해서 미안해

아이를 키우기 위한
돈이나 시간이 없어

엄마, 저 지하에 갇혀있어요

내가 토머스를 데리러 갈 때까지
엄마가 잘 키워줬으면 좋겠어

넌 아무것도 배우지 못했어.

새라가 여기에 있었어

시간은 흐르고 아이들도 성장했습니다.

Year 14

감금 14년째

이리 와.

아이를 지켜낸 새라에게 새로운 희망이 생겼습니다

넌 정말, 정말 아름다워

천정에서 물이 새기 시작했기 때문이었죠

첫째를 보며 눈이 돌아간 짐승이 불안해진 새라

엄마?

제발 그녀를 내버려둬.

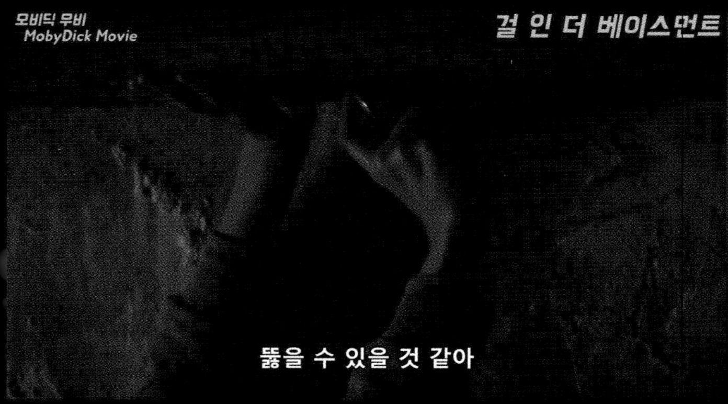

모비딕 무비
MobyDick Movie

걸 인 더 베이스먼트

모비딕 무비
MobyDick Movie

걸 인 더 베이스먼트

뚫을 수 있을 것 같아

모비딕 무비
MobyDick Movie

걸 인 더 베이스먼트

모비딕 무비
MobyDick Movie

걸 인 더 베이스먼트

그녀가 보낸 신호를 보고 집으로 찾아온 남자

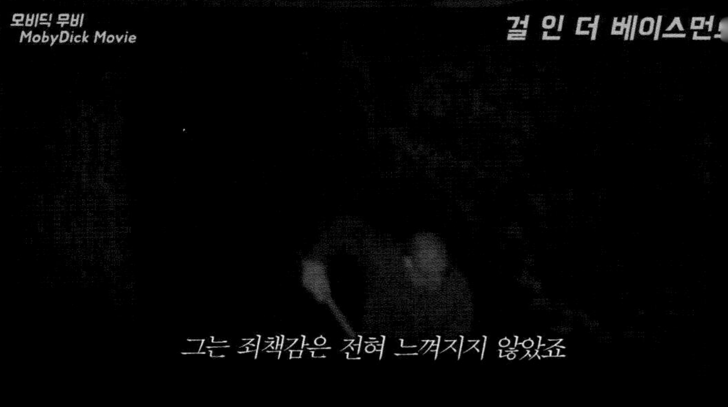

그는 죄책감은 전혀 느껴지지 않았죠

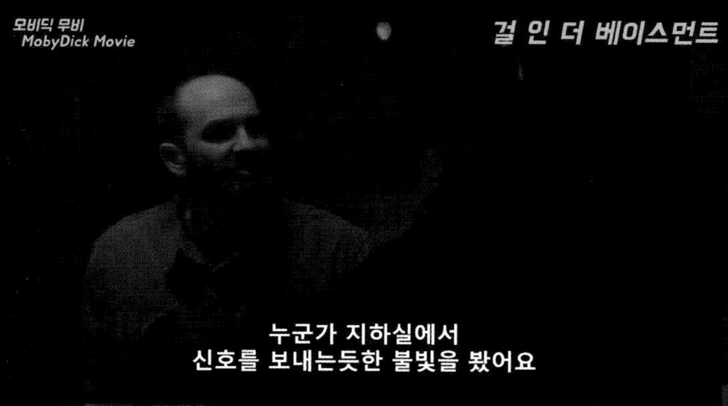

모비딕 무비
MobyDick Movie

걸 인 더 베이스먼트

모비딕 무비
MobyDick Movie

걸 인 더 베이스먼트

누군가 지하실에서
신호를 보내는듯한 불빛을 봤어요

언젠가 위에서 놀고 싶어요

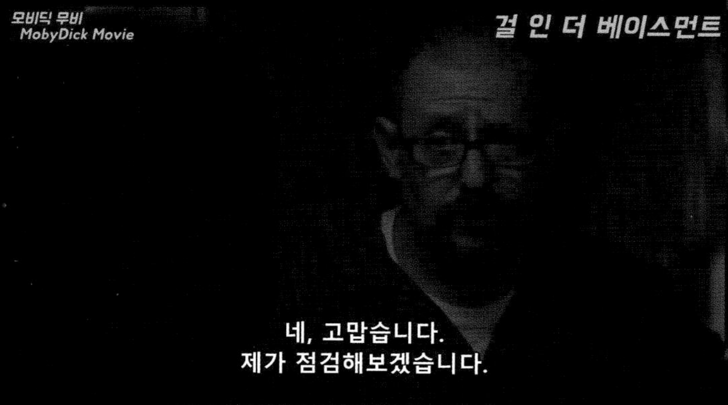

모비딕 무비
MobyDick Movie

걸 인 더 베이스먼트

모비딕 무비
MobyDick Movie

걸 인 더 베이스먼트

네, 고맙습니다.
제가 점검해보겠습니다.

그럼, 넌 놀 수 있을 거야

모비딕 무비
MobyDick Movie

걸 인 더 베이스먼트

모비딕 무비
MobyDick Movie

걸 인 더 베이스먼트

화가 난 그는 새라를 무자비하게 때리기 시작하는데

그게 언제지?

글쎄, 글쎄, 잘 모르겠어.
엄마한테 달렸지?

맞아. 물어봐서 미안해.

이제 때가 된 것 같아
너희에게 진실을 이야기 해 줄게.

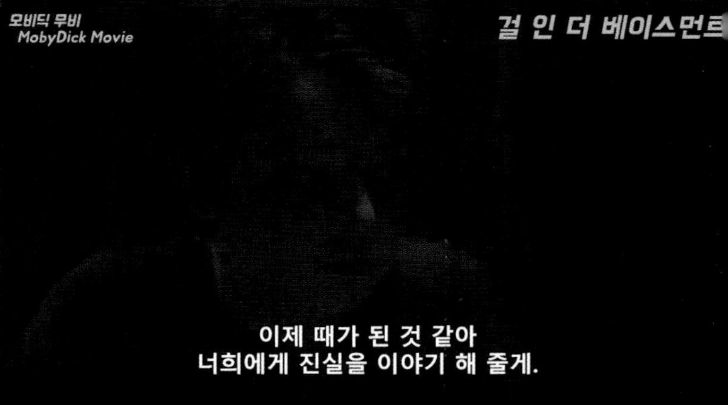

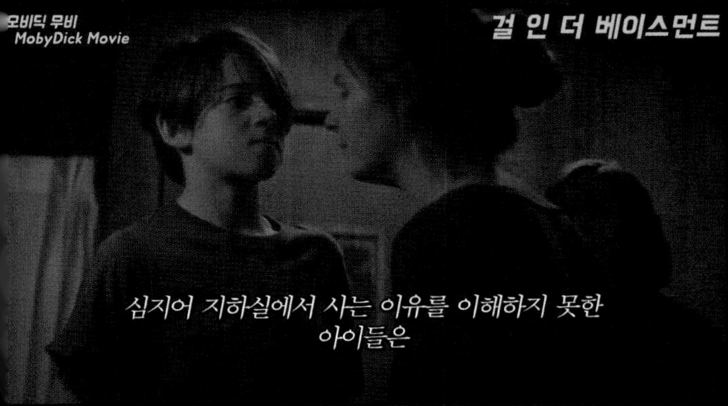

심지어 지하실에서 사는 이유를 이해하지 못한
아이들은

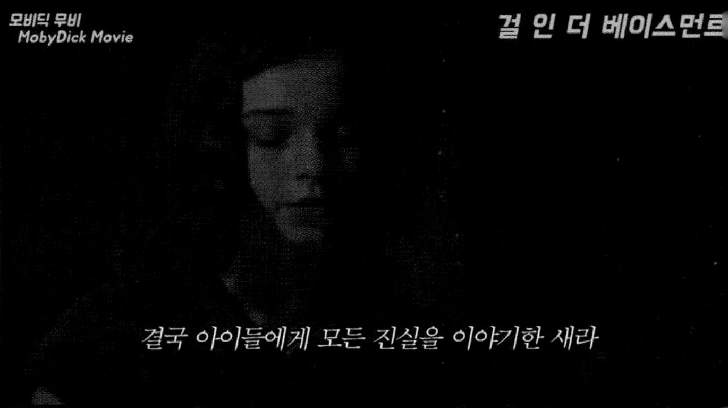

결국 아이들에게 모든 진실을 이야기한 새라

그녀에게 불만을 이야기하기 시작했죠

우리 아빠이기도 하고

입 다물어!

너희 둘 다 너무 사랑해.
내겐 전부야, 알겠지?

Year 19

감금 19년째

아이들이 더 크면

입 다물어!

컨트롤할 수 없다는 사실을 깨닫게 된 짐승은

네가 어쩔건데?

자동차 매연을 이용해 모두 죽이려고 하는데

다음 날 다행히 모두 죽지는 않았지만

마리가 위독한 상태였는데요

지금 천식 발작을 하고 있고
숨을 거의 쉬지 못하고 있어!

그녀는 병원에 가야 해!
그녀는 지금 의사가 필요해!

누가 여기좀 도와주세요!

막상 눈앞에서 죽어가는 마리의 모습에

병원으로 데려가려 하죠

가! 가! 뭐야!

-안녕하세요, 다이앤입니다
-안녕하세요

- 반갑습니다
- 마리는 어떤가요?

네, 알겠어요. 감사합니다.

이런 심한 천식발작이
얼마나 자주 일어나죠?

거기 그대로 있어.

우린 꾸준하게 민간요법으로
치료했었소

자연스럽게 물컵을 쏟은 새라

지금까지 어떤 백신도
한번도 맞은적이 없다구요?

그가 떠난 사이 담당 간호사에게
다가가기 시작합니다

지금까지 별일 없었소.

걸 인 더 베이스먼트
MobyDick Movie

18세에 지하실에 갇혀 24년간

영화는 짐승의 만행이 세상에 알려지고

네 아이를 임신해야만 했던 그녀는

지하실에 갇혀 있던 아이가 구출되는 모습을
경악스럽게 바라보는

42살이 되어서야 자유를 되찾았습니다

가족들의 모습을 보여주며 끝이납니다

GIRL IN THE BASEMENT

실화탐사대

요제프 프리츨 친딸 감금 사건

⚠ 경고: 이 글은 충격적인 실화 사건을 다룹니다. ⚠

본 기사에서는 오스트리아에서 발생한 요제프 프리츨 친딸 감금 사건을 다룹니다. 이 사건은 실화이며, 극도로 잔혹하고 비윤리적인 범죄로 간주됩니다. 해당 내용이 불편하거나 트라우마를 유발할 수 있으므로, 민감한 독자께서는 신중히 읽어주시기 바랍니다.

이와 같은 범죄는 절대 용납될 수 없으며, 어떤 형태로든 모방해서는 안 됩니다. 사회적으로 경각심을 높이고, 피해자를 보호하며, 재발을 방지하기 위한 목적으로 사건을 소개하는 것이니, 이를 염두에 두고 읽어주시길 바랍니다.

2008년에 전 세계를 경악시킨 오스트리아의 근친, 납치, 감금 사건. 영화 <룸>과 <걸 인 더 베이스먼트>의 모티브가 되었다.

오스트리아 동부 암스테텐에 살던 요제프 프리츨은 당시 73세였고 유능한 전기 수리공이었지만 은퇴한 상태였으며 부인 로즈마리와 2남 5녀를 두었다. 겉으로는 친절한 이웃이었지만 그것은 가면에 불과했다.

그는 셋째 딸 엘리자베트가 11세였던 1977년부터 그녀를 지속적으로 성폭행해 왔다. 그러다가 딸이 18세가 되고 사회에 진출하기 직전이 되자 자신의 범죄가 드러날지도 모른다고 생각하여 두려워하게 되었다. 실제로 딸은 17세 때 성폭행을 피해 가출하여 빈에서 살아간 적이 있었지만 경찰에 의해 발견된 뒤 집으로 돌려보내졌다. 물론 진상이 드러난 뒤 경찰은 미친듯이 까였다.

엘리자베트가 갇힌 지하실의 구조도.

이에 요제프는 딸을 감금하여 지속적으로 성폭행할 수 있는 장소를 확보하는 한편 자신의 범죄를 영구적으로 은폐할 계획을 세웠다.

요제프는 1981년~1982년에 걸쳐 지하실을 토굴 감옥으로 개조했는데 그곳은 원래 방공호 용도로 쓰이는 곳이라 의심하기 힘들었다. 이중문을 설치했는데 첫 번째 문은 1m 두께의 책장 뒤에 숨겨져 있으며 두 개의 문 모두 비밀번호를 입력해야 열 수 있는 전동식 철문이었다. 더군다나 문 두 개 외에도 비밀문까지 합쳐 총 8개의 문이 있었고 방음처리가 꼼꼼하며 각 문이나 통로는 아주 좁아서 탈출하기 힘들게 만들었다. 내부는 의외로 사람이 살 만하게 잘 꾸며져 있었는데 모두 본인의 힘으로 심혈을 기울여 제작한 것이었다.

1984년 8월 29일, 요제프는 학교에서 다녀온 엘리자베트에게 지하실 정리를 도와 달라고 부탁하여 토굴로 끌어들인 후 그대로 구타하고 감금해 버렸다. 이후 태연하게 딸의 실종 신고를 하고 지하실에 갇힌 딸을 협박해 사이비 종교에 빠져 가출했으니 자신을 찾지 말라는 편지를 쓰게 했는데 그렇게 딸이 가출한 것처럼 꾸미고 여태 살아 왔다.

이후 무려 24년에 걸쳐 요제프는 태평하게 부인 로즈마리와 살면서 3일에 한번 꼴로 지하실을 찾아 엘리자베트를 지속적으로 강간하고 음식을 줬으며 이 과정에서 7명이나 되는 아이가 태어났다. 그 중 세

명의 아이는 입양하고 나머지 세 명은 그대로 지하실에 감금했으며 한 명은 사망했다. 입양한 아이들은 나이가 많거나 울음소리가 컸기 때문에 입양한 것이었다.

엘리자베트가 처음으로 임신한 것은 1986년이지만 당시에는 임신 10주 만인 11월에 유산되었다. 1989년 첫째 커스틴, 1990년 둘째 스테판, 1992년 셋째 리사가 태어났다. 1993년 5월 요제프는 리사가 생후 5개월 때 사이비 종교에 빠져 가출했다는 엘리자베트가 상자에 넣고 집 앞에 버리고 간 것으로 위장하여 리사를 양녀로 입양했다. 1994년 2월 넷째 모니카가 태어났는데 12월에 리사와 마찬가지로 엘리자베트가 유모차에 버리고 갔다는 것으로 위장하고 입양했다. 1996년 5월 쌍둥이가 태어났는데 그 중 한 아이인 미카엘은 사흘만에 병으로 죽자 지하실 보일러에 집어넣어 대충 화장했다. 다른 아이 알렉산더는 1997년 8월 입양했다. 2002년 12월 일곱째 필릭스가 태어나자 입양하려고 했으나 부인이 돌보기 힘들다고 하자 지하실에 그대로 감금했다.

감금 직후 9년 동안은 지하실에는 방이 한 칸뿐이어서 아이들이 보는 앞에서 성폭행이 이루어졌으며 1994년 엘리자베트가 지속적으로 확장을 요구하면서 요제프는 10여 년간 은밀하게 지하실을 조금씩 증축해서 방 4개를 더했는데 엘리자베트와 아이들은 맨손으로 땅을 파면서 거들어야 했다.

검거

24년 동안 벌어진 요제프의 근친상간과 감금, 4남 3녀 출산 사실을 부인이나 다른 가족들은 물론 집에 세들어 살던 사람도 전혀 알지 못했다.

권위적인 가장이었던 요제프는 부인이나 다른 사람들을 절대 지하실 주변에 얼씬거리지 못하게 했기 때문에 검거도 정말 우연히 이루어졌다.

2008년 4월 19일 지하실에 갇힌 3명의 아이 중 하나인 19살이었던 첫째 커스틴이 신장에 문제가 생겨 심한 고통을 호소하고 혼수상태에 빠지자 엘리자베트의 간곡한 호소로 요제프는 커스틴을 데리고 병원에 갔다. 원인은 태어난 뒤 19년 동안 평생에 걸쳐 산소 결핍과 영양 부족에 시달렸기 때문이었다.

이때 엘리자베트는 24년 만에, 커스틴은 태어난 후 처음으로 바깥 세상에 나왔다. 그런데 오스트리아에는 주민 등록이 안 되어있는 사람이 극히 드물어 진료를 받으면 그 즉시 누군지를 알 수 있는데 한두 살도 아니고 19세나 된 소녀가 등록되지 않은 것이 의심을 샀다.

특히 커스틴의 옷에 엘리자베트가 사랑한다고 쓴 노트가 있었는데 그렇게 사랑하는 엄마가 왜 애를 이 지경으로 만들었는지 수상하게 여긴 의사가 경찰에 신고했다. 경찰은 엘리자베트 실종사건을 다시 수사하게 되었다.

4월 26일, 무슨 생각인지 갑자기 요제프는 엘리자베트와 지하에 감금했던 세 아이들을 데리고 아내에게 24년 만에 딸이 돌아왔다고 되도 않는 구라를 쳤지만 이미 수사에 들어간 경찰이 집에 들이닥쳤다. 경찰은 요제프의 집을 꼼꼼히 수색하여 지하실을 발견했다. 이 공간에 대해 요제프는 당연히 제대로 설명을 하지 못했다.

결국 지하실 아이들의 유전자 검사 결과 요제프와 딸 엘리자베트 사이에서 태어난 아이들임이 밝혀졌다. 근친상간임이 확실했고 이에 따라 경찰은 두 사람을 일단 구속한 뒤 각각 격리한 채로 추궁한 끝에 엘리자베트로부터 '요제프를 다시는 만나지 않게 해 줄 것'을 조건으로 요제프가 친딸을 감금하고 무려 31년간이나 성폭행을 저질러 왔다는 증언을 받아냈다.

경찰은 다시 요제프에게 이 사실을 근거로 강하게 추궁했으며 요제프가 결국 모든 걸 자백하여 사건의 전말이 밝혀졌다.

딸 엘리자베트.

Árbol genealógico de Josef Friztl
"El Monstruo de Amstetten"

Rosemarie
68 años

Josef
73 años

Ulrike
50 años

Rosemarie
47 años

Gabrielle
37 años

Josef
37 años

Doris
35 años

Harald
34 años

Elisabeth
42 años

Kerstin
19 años

Stefan
18 años

Lisa
16 años

Monika
14 años

Alex
12 años

Michael
†

Felix
5 años

En el zulo   Salieron del zulo

요제프 일가의 가계도. 빨간색이 감금당한 아이들이며 연두색이 입양 형식으로 키워진 아이들이다.

범인 요제프 프리츨의 삶

요제프 프리츨은 어린 시절부터 어머니의 갖은 학대에 시달렸으며 이 과정에서 타인을 지배하려는 욕망이 성욕과 결합된 형태의 성도착증을 앓고 있었던 것으로 확인됐다. 단, 상술했다시피 페도필리아는 아니었다.

성폭행 피해자는 어린 시절의 친딸을 빼면 모두 성인이고 그 친딸은 성인이 된 뒤에도 성폭행을 당했으며 주변 사람들도 프리츨이 여자에게 관심이 많다고는 했지만 아이에게 관심을 가졌다는 증언은 하지 않았다.

또 이러한 성도착증을 내면에 지닌 그는 징역 1년 6개월을 복역한 강간 전과가 있었으나 오스트리아에서는 15년 이하의 징역형 전과는 삭제하도록 규정했기 때문에 프리츨은 별다른 어려움 없이 사업을 계속했고 이 과정에서 친딸이 낳은 자식들을 입양할 만큼의 정당성

까지도 확보할 수 있었다. 성범죄 전과가 있는 사람에게 입양을 허가한다는 것 자체가 상식적으로 납득되지 않는 일이지만 전과가 삭제되어 확인이 불가능했기 때문에 가능했다.

범죄자의 제2의 인생을 생각해서 전과 기록은 삭제하더라도 오스트리아 사회는 최소한 프리츨이 성범죄를 저지른 뒤 재범하지 않도록 정신적인 치료 및 관리를 했어야 했다. 이런 사건에 대한 대중의 경계가 심각해지자 세계 각국은 성범죄자의 신상을 장기간 공개하고 거주지 제한, 전자발찌 착용 등으로 대응하고 있다.

24년간 범행을 지속하는 게 가능했던 이유

요제프는 딸을 감금하기 위해 굉장히 치밀한 계획을 짰는데 전기 기술자로서의 지식을 활용하여 토굴을 만들고 출입구를 자신 외에는 드나들 수 없도록 개조했다. 따라서 가족들은 물론 이웃들도 요제프가 무슨 짓을 저지르고 있는지를 알 수 없었으며 그의 연기가 너무나 철저하여 경찰조차도 꼬리를 잡기 어려울 지경이었다.

사건사고

프리츨 가족

물론 이웃들이 아예 아무 의심조차 없이 요제프의 폭력성에 대해 아무것도 모르진 않았다. 요제프는 평소에도 가족들에게 가혹했고, 혹독한 구타와 학대, 협박에 사실상 노예화된 가족들은 요제프가 무슨 짓을 하는지도 몰랐다. 결국 엘리자베스와 다른 가족들의 차이는 강간을 당했다와 당하지 않았다의 정도 였을 뿐, 가족들 역시 요제프에게 학대를 당하고 있었고, 이웃들도 그의 성질을 잘 알았기에 '또 폭행하는구나' 라는 식으로 생각해서 무시했다.

한편 엘리자베트는 탈출 가능성이 아예 없었다. 요제프가 출입구를 철저히 통제한 데다 평소 전기를 끊거나 식료품을 갖다주지 않는 일이 허다했으며 수시로 구타를 일삼았고 더욱이 그녀가 낳은 자식들의 생명줄을 들고 협박을 일삼았기 때문에 이를 통해 완전히 아버지의 지배를 받게 되었다.

엘리자베트가 아이들을 출산했으니 그 아이들이 어느 정도 커서 혼자가 아니게 된 후에는 함께 저항할 수 있지 않았겠느냐는 생각을 한 사람이 있을 수도 있겠으나 그것은 불가능에 가까웠다. 아이들 모두 심각한 신체적, 정신적 질환을 갖고 있었기 때문이다. 태어났을 때부터 줄곧 지하실에서 살아 온 세 아이는 건강이 매우 좋지 않았고 정신적으로도 미성숙했다. 안타깝게도 요제프의 양자로 처리되어 정상적인 사회에서 살아 온 나머지 세 아이도 상태가 좋다고 보기 힘들었다.

결과

이 사건이 알려지자 당연히 오스트리아 사회는 큰 충격에 휩싸였다. 물론 이전에도 비슷한 범죄가 잊을 만하면 벌어졌지만 이 사건은 단순히 성욕에 눈이 멀어 사람이기를 포기한 정도가 아니라 계획적으로 친딸을 성노예화하고 24년간 사육한 굉장히 충격적인 사건이었기 때문이다. 당연히 오스트리아 국민들은 강력한 처벌을 요구했고 요제프는 다음과 같이 강간치사 혐의가 인정되어 무기징역을 선고받아 정신과 치료감호소로 보내져 계속 복역 중이다.

요제프의 변호사는 변호로 그래도 크리스마스엔 트리를 함께 만들었다는 궤변을 내세우면서 요제프가 감옥에 가선 안 된다고 그를 변호하였다가 암살 위협을 느끼고 변호를 철회하기도 했다.

안 그래도 당시 나타샤 캄푸쉬 감금사건 등 납치, 감금 사건이 연달아 발생해 '감금의 나라'로 찍힌 상황에서 경악할 만한 사건이 또 드러나면서 오스트리아 국민들은 국가 이미지가 망가졌다고 한탄했다. 당시 가장 유명한 오스트리아인으로 아돌프 히틀러와 함께 요제프 프리츨이 선정되기도 했다. 2011년에 이와 비슷한 사건이 오스트리아에서 또 일어나기도 했다.

근황

요제프가 엘리자베트에게서 얻은 6명의 자식 중 중 요제프의 양자로 위장되어 밖에서 길러진 리사, 모니카, 알렉산더는 지적장애를 갖고 있었지만 평범하게 성장하여 학교에 다니고 있었다. 엘리자베트는 감금당하기 전에 이미 18세였기 때문에 바깥 세상에 대한 기억이 있어 풀려난 후 곧 사회에 적응했다.

반면 엘리자베트와 감금되었던 커스틴, 스테판, 펠릭스 세 아이는 바깥 세상에 대한 지식이 전혀 없었으며 그저 지하실에 설치되었던 텔레비전, 비디오 등으로만 세상을 접해 왔던 스테판과 펠릭스는 처음 보는 바깥 세상과 햇빛에 감동해 현저하게 떨어지는 언어 능력으로 자신들끼리 신이 나서 대화를 나누었고 펠릭스는 '바깥에 나와 너무 행복하다'고 말했다고 한다.

요제프가 재판을 받고 수감된 뒤 엘리자베트와 여섯 명의 아이들은 오스트리아 북부의 마을(자세한 위치는 알려지지 않았다)로 이주해서 그곳에서 함께 살게 되었으며 프리츨이 기른 아이들은 아버지가 자신들을 버렸다는 것이 거짓말이고 자신들의 아버지는 바로 할아버지이기도 한 요제프며 어머니와 지하에 감금되어 있었던 다른 형제들이 있다는 것을 알게 되었다.

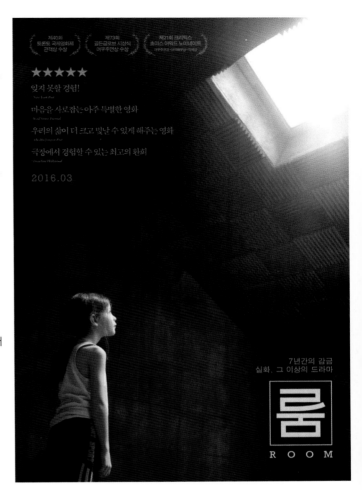

댓글

○○(124.49) 히토미에나올법한내용이노ㄷㄷ

○○(182.228) 히틀러 오열 ㅠㅠ

○○(211.59) 한국은 변태들 신상공개도안하는데 선진국은 틀리네

○○(111.89) 인생에서 가장 좋을때가 지옥이었겠노ㅠㅠ ㄷㄷㄷ

ㅎㅅㅎ(115.143) 히틀러가 태어난 나라라면 이정도는 해줘야

○○(119.192) 오스트리아면 그짝이면 몇년전만해도 왕족귀족중 저 정도 근친은 뭐 일상아니엇노?

ㅁㄴㅇ(211.107) 완전 미친놈이네

○○(1.250) 역시 범죄자들 이주시켜서 만든 나라 그런지 후손들도 제정신이 아니네

○○(218.157) 그건 오스트레일리아고

○○(211.114) 이건 뭐 거의 아베 암살했던 야마가미 데쓰야급 이야기 아니냐

○○(220.127) ㅈㄴ 표독스럽게 생겼네 우욱

○○(210.123) 동물들 어릴 때 묶어놓고 의지 완전히 꺾어놓으면 나중에 커서 쉽게 도망갈 힘 생겨도 못도망간다, 아예 시도할 생각조차 못한다 그런거 연구결과 있잖아

○○(91.171) 사스가 과거 히틀러의 후손들답다

○○(220.88) 합스부르크왕조부터 시작된 유구한 전통이거늘

○○(121.254) 심プ할때 쓰던 방법이네 ㄷㄷ

○○(58.127) 현실 심즈ㄷㄷㄷ

○○(175.125) 인간 쓰레기 주제에 지하실 만드는 실력은 으뜸이네

○ㅅㅇ(182.213) 진짜 개역겹고 쥐패고싶네

○○(122.40) 경상도 형제복지원 대학살도 조센에 최악의 불명예를 안겨줬지

요세 핫한 장카설을 알아보자.JPG

원영 리나 윤

'장카설'이라는 신조어가 있어요

설윤

장원영

장카설

근데 본인이 맨 뒤에 있잖아요

카리나

민원1 너무한 질문 아닙니까?

비주얼 끝판왕 3인방, 장카설

'장카설'이 뭐냐고? 아이브 장원영, 에스파 카리나, 엔믹스 설윤을 묶은 신조어다. 이 셋은 한국을 넘어 일본 10대들까지 사로잡은 워너비 비주얼. 그냥 예쁜 걸 넘어, 각자 독보적인 매력을 장착하고 있다.

장원영은 '천생 연예인'이란 수식어에 더해, 뭐든 긍정적으로 받아들이는 '원영적 사고'까지 유행시켰다. 다래끼마저 특별한 경험으로 만드는 마인드가 찐. 카리나는 실물보다 더 AI 같다는 소리 들을 정도로 비현실적 비주얼. 리더로서 퍼포먼스, 보컬까지 완벽하게 소화하며

에스파의 콘셉트를 설득시켰다. 설윤은 3대 기획사가 탐낼 만큼 확실한 비주얼에 예능감까지 탑재. 센스 넘치는 말재주로 인터뷰 분위기까지 주도해버린다.

이 셋이 누가 먼저고 누가 나중이냐? 그런 건 중요하지 않다. 이미 전 세계 K팝 팬들의 마음을 사로잡고 있으니까. 자 그럼 장카설의 미모를 감상해보자.

번외편

AI 미녀도
알아보자.JPG

이누야샤
AI 실사화

출처 : 생성형 AI

만화 이누야샤의 주인공이자, 반요 야샤히메의 등장인물. 반요 야샤히메 시점에는 자신의 아내인 히구라시 카고메와 함께 현존하는 최강의 반요로 이름을 널리 알리게 되었다.

대요괴인 아버지와 인간인 어머니 사이에서 태어난 반요다. 이누미미에서 알 수 있듯 몸의 반은 개 요괴. 이름도 일본어로 개를 뜻하는 이누(犬)와 흔히 괴물을 뜻하는 야샤(夜叉, 야차)를 합한 것이다.

특히 웃긴 건 단순히 이름만 개가 아니라는 점. 개처럼 앉고, 킁킁거리며, 물 묻으면 몸 흔들어 털고, 전투 중엔 으르렁대는 건 기본이다. 심지어 카고메가 막대기 던지면 '멍멍' 짖으며 물어올 뻔한 순간까지 있었다. 스테이크도 손 안 쓰고 입으로 직접 뜯어먹는 모습은 그야말로 '견자다움'의 극치. 카고메의 이누야샤 다루는 법이 그냥 개 훈련법인 것도 웃음 포인트.

물론 단순 코미디 요소만은 아니다. 날카로운 손발톱과 이빨, 뛰어난 후각과 청각은 전투력의 핵심 요소. 반요지만 요괴계에선 최강자로 군림하게 된 이유가 다 있었던 셈이다.

이누야샤

만화 이누야샤의 양대 주인공 중 한 명. 반요 야샤히메 시점에서는 사혼의 구슬을 소멸시킨, 미도리코(자연)-키쿄우(금강) 계열의 뒤를 잇는 전설적인 대무녀.

히구라시 신사 집안 딸내미로 태어났지만 신사 일엔 그닥 관심 없던 전형적 현대녀. 예쁜 거 좋아하고 친구들이랑 노는 게 제일 행복한 그냥 평범한 여학생이었다. 그러다 과거로 끌려가 갑자기 무녀 커리어를 시작했으니 인생 진로 변경의 극강판.

활 실력은 처음엔 그야말로 '개망'이었다. 그런데 연습이 무섭다고, 나중엔 백발백중 수준을 넘어 완결편에선 저 멀리 있는 방울 하나 쏴 맞추는 경지에 올랐다. 문제는 화살이 부족해서 생기는 일. 극장판에선 아예 올림픽 금메달감 수준으로 보정 받아 빔 대포급 이펙트를 선보였다. 쏘면 맞는데 화살이 없어서 못 쏘는 무녀의 아이러니한 성장기가 바로 그녀의 이야기다.

가영

긴 머리와 붉은 눈 화장이 인상적인 소녀.

붉은 눈 화장과 긴 머리가 트레이드마크인 이 소녀는 일행 중 비극지수 최상위권. 불교 칠보에서 따온 '산호'라는 이름처럼 겉은 아름답지만 속은 상처투성이다. 카고메만 빼면 다들 사연 있는 이누야샤 팀에서도 그녀의 과거는 특A급 비극.

직업란에는 '요괴 퇴치사'라 적혀있지만 사실상 복수의 화신. 고양이 요괴 키라라는 그녀의 유일한 가족이자 든든한 교통수단. 평소엔 귀여운 고양이지만 전투 모드 돌입하면 초대형 사이즈로 변신해 하늘을 날아다닌다. 요괴 퇴치에 고양이까지 있으니 마녀 배달부 키키가 부럽지 않은 콘셉트다. 다만 그녀의 심장엔 복수라는 검은 불꽃이 타오르고 있다.

산고

석장을 무기로 사용하며 요괴 퇴치 수행을 받은 젊은 법사이다. 법력을 이용한 부적술과 주변에 있는 모든 것을 빨아들이는 풍혈을 사용할 수 있다.

석장 휘두르는 젊은 법사로, 부적술과 블랙홀급 흡입력을 자랑하는 풍혈이 주 무기다. 모든 것을 빨아들이는 능력자답게 처음엔 사혼의 구슬도 빨아들이려 했던 수상한 캐릭터.

나라쿠를 쫓는 일에 목숨 건 남자로, 초반엔 카고메의 구슬 조각을 노리는 라이벌처럼 등장했다. 그런데 묘하게 키쿄우의 죽음에 관한 정보를 알고 있었고, 이 정보를 이누야샤에게 흘리면서 "우리 목적 같네요?"라며 일행에 합류. 석장 든 법사가 갑자기 팀에 들어오니 초반엔 다들 경계했지만, 나중엔 없어선 안 될 핵심 멤버가 됐다.

풍혈이란 능력은 그야말로 '진공청소기의 신'이 된 듯한 위력을 자랑한다. 다만 사용할 때마다 언제 고장날지 모르는 불안함을 안고 있어, 전투 중 갑자기 작동 중단되면 난감한 상황이 연출되곤 한다. 위험한 능력과 수상한 첫인상을 가졌지만 팀의 든든한 기둥이 된 법사의 이야기.

미륵

코우가

이누야샤의 라이벌이자 카고메의 연애 시장에서 경쟁자로 등장한 서브 남주다. 요랑족 내에서도 '얘는 특별해'라는 딱지가 붙은 일종의 요괴계 신동.

나라쿠에게 동족이 학살당해 복수심은 이누야샤와 공유하면서도, 카고메를 두고 연애 경쟁을 벌이는 묘한 포지션. 성격도 이누야샤와 닮은 듯 다른 미묘한 지점이 많아 '평행세계 이누야샤'라 불러도 어색하지 않다. 적대적 라이벌이 아닌 '우정의 라이벌' 포지션으로 팬들에게 꽤 먹힌 캐릭터.

허리에 찬 칼은 인간에게서 '빼앗은' 장식품인데, 실전에선 거의 쓰지 않는 패션 아이템. 그런데 모료마루와의 위기 상황에서 단 한 번 사용해 자기도 놀랐다는 후문. "장식용인 줄 알았는데 진짜 칼이네?" 급의 반전.

사혼의 구슬을 양다리와 오른팔에 심은 유일한 '착한 요괴'라는 점도 특이사항. 오른팔의 구슬은 한때 뺏겼다가 다시 찾았지만, 구슬의 힘에 물들지 않고 선함을 유지한 희귀종이다. 사혼의 구슬 소유자 중 유일하게 '선한 쪽'에 서 있는 역설적 캐릭터.

이누야샤에 등장하는 여우 요괴.

꼬리란 뜻의 '싯포'가 아니라 불교 칠보라니, 이름과 외모가 절묘하게 매치된 언어유희의 결정체. 몸집보다 큰 꼬리가 트레이드마크인 이 녀석은 이누야샤 시리즈의 귀요미 담당이다.

신체구조는 그야말로 '판타지의 극치'. 얼굴과 손은 사람인데 발과 꼬리는 여우라니 해부학자들이 연구하고 싶어 할 미스터리한 몸매다. 애니 1기에서 잠깐 나체로 등장했을 때도 시청자들은 "아, 그냥 발만 여우구나"라는 허무한 결론에 도달했다. 본모습은 아마 다른 꼬마 여우 요괴들과 비슷할 테니, 반인반수의 형태는 변신 후 모습인 셈.

키라라와 함께 시리즈의 쌍두 마스코트로 활약하며 귀여움 지수를 책임지는 캐릭터. 순수하고 호기심 많은 아이 특유의 말투와 행동은 시리즈의 무거운 분위기를 확 풀어주는 산소 같은 존재다. 심각한 장면에서도 이 녀석만 나오면 시청자들 입가에 미소가 번지는 마법 같은 효과를 선사한다.

싯포

금강

이누야샤의 서브 히로인이자 첫사랑으로, 사혼의 구슬을 지키던 무녀 중 한 명. 한국 더빙판에선 '금강'이라는 이름으로 변신했는데, 이게 그냥 된 게 아니다.

원래 이름 '키쿄우'가 일본어로 도라지를 뜻하는 것에 착안해 같은 초롱꽃과 식물인 '금강초롱꽃'에서 따왔다는 센스. 더 놀라운 건 금강초롱꽃의 꽃말이 '가련한 마음'이라는 점. 비극적 운명을 타고난 그녀의 캐릭터와 완벽하게 일치한다. 원래 이름인 도라지의 꽃말은 '영원한 사랑'인데, 이 역시 첫사랑에 대한 그녀의 집착과 절묘하게 맞아떨어진다. 꽃말 하나로 캐릭터 설정을 완벽하게 요약한 작가의 센스가 빛나는 부분.

차가운 외모와 달리 이누야샤에 대한 사랑만큼은 뜨거웠던 무녀. 죽음 이후에도 이누야샤를 향한 마음을 놓지 못해 흙과 뼈로 만든 육체로 재등장할 정도로 집착이 강했다. 첫사랑의 강렬함과 집착, 그리고 비극을 한 몸에 담아낸 캐릭터다.

키쿄우의 여동생이자 한국판에선 '금사매'로 불리는 노(?) 무녀. 언니가 사망한 후 신사를 책임지게 된 마을의 지혜 담당. 영력은 언니보다 한 수 아래지만 잡요괴 정도는 가볍게 퇴치할 실력은 갖췄다.

약초 지식부터 요괴 상식까지 두루 갖춘 마을의 살아있는 백과사전. 60대 넘은 나이에도 정정한 모습으로 마을 장로 역할까지 겸하고 있어 '반요 야샤히메'에선 아예 '장로무녀'라는 공식 직함까지 얻었다.

사혼의 구슬 모험에는 "나이 좀 먹었다고 모험은 패스"라며 참여하지 않는 현명한(?) 선택을 했다. 대신 이누야샤와 카고메가 방문할 때마다 키쿄우와 이누야샤의 과거사를 들려주거나 조언을 해주는 일종의 NPC 역할.

금사매 [카에데]

링

이누야샤 / 반요 야샤히메의 등장인물.

셋쇼마루의 인간 알러지를 치료한 기적의 소녀. 한국에선 '링'과 '린' 사이에서 오락가락하다 결국 애니 더빙판의 '링'으로 정착한 캐릭터다.

셋쇼마루가 이누야샤의 철쇄아에 맞고 중상을 입었을 때 우연히 만난 인간 소녀. 코우가의 요랑족 늑대들에게 물려 죽었다가 셋쇼마루 천생아로 부활한 후 그의 일행에 합류하게 된다. 인간을 혐오하던 셋쇼마루가 인간 소녀를 되살리고 데리고 다니게 된 아이러니한 상황의 주인공.

인간을 경멸하던 요괴가 한 인간 소녀를 위해 마음을 열게 된 이야기의 핵심 캐릭터. 셋쇼마루의 차가운 성격에 따뜻함을 불어넣은 일종의 감정 촉매제 역할을 했다. 요괴와 인간 소녀의 기묘한 동행은 시리즈의 주요 서브 플롯으로, 셋쇼마루의 캐릭터 발전에 결정적 영향을 미쳤다.

이누야샤의 서브 주인공이자, 반요 야샤히메의 등장인물.

이누야샤의 이복형이자 작품 속 미남 대장. 반요인 동생과 달리 대요괴 부모 사이에서 태어난 순혈 요괴로, 작중 최고 미모를 자랑하는 비주얼 담당이다.

백발, 금색 눈동자, 하얀 피부에 무릎까지 내려오는 찰랑이는 장발까지 갖춘 그야말로 '요괴계의 꽃미남'. 양 뺨의 무늬와 이마의 초승달은 문신이 아닌 순혈 요괴의 증표라니, 태생부터 남다른 캐릭터. 첫 등장 시 애니에서는 '전율의 귀공자'라는 이명까지 붙었으니 비주얼의 파괴력을 짐작할 만하다.

옷차림도 화려하고 귀족적이라 등장 인물 중 가장 눈에 띄는 패션 센스를 자랑한다. 너무 복잡한 디자인 탓에 셀 작화 시대 애니메이터들이 "왜 이렇게 그리기 어려운 캐릭터를 만드셨나요"라며 루미코 작가를 원망했다는 뒷이야기도 있다. 그만큼 공들여 만든 캐릭터라는 방증. 요괴계의 패션 아이콘이자 비주얼 센터를 맡고 있는 미청년이다.

셋쇼마루

인간 오니구모를 핵으로 삼아 수많은 요괴가 뭉쳐 만들어진 초특급 합체 요괴. 99% 이상이 요괴 덩어리지만 중심에 인간 영혼이 있어 반요 취급받는 독특한 존재. 이누야샤처럼 정기적으로 몸이 말을 안 듣는 시간이 있지만, 재구성 시기를 마음대로 정할 수 있어 약점이라 할 수도 없는 치트급 능력자.

몸을 분해하고 재구축하는 과정에서 약한 부분은 버리고 강한 부분만 강화해 지속적으로 파워업하는 자가발전형 악당. 심지어 신체 기관처럼 보이는 것들도 실제 장기가 아닌 독기와 사기로 뭉친 살덩어리라니, 해부학자들의 악몽 같은 존재다. 백령산 이후엔 옷까지도 살덩어리를 변형한 것이라 몸이 산산조각나도 옷까지 함께 복구되는 불가사의한 현상을 보여준다.

오니구모의 인격과 기억, 감정이 심층의식에 남아있어 등에는 거미 흉터가 지속적으로 재생된다. 흉터를 살짝째 베어내도 다시 자라나는 걸 보면 정말 집요한 트라우마의 상징. 결국 자신의 마음 일부를 태아 형태로 분리해 백령산에 버렸다가 다시 흡수하는 복잡한 정신 세계를 가진 악역이다. 마지막엔 키쿄우와 같은 곳에 갈 수 없다며 쓸쓸히 소멸하는 모습을 보여 악당치고는 의외로 감성적인 면모를 드러냈다.

나락

이누야샤의 아버지의 이빨로 철쇄아와 천생아를 만든 본 작품 최고의 대장장이.

이누야샤 아버지의 이빨로 철쇄아와 천생아를 만든 요괴계 최고의 대장장이. ⊙.⊙ 모양의 땡그란 눈이 트레이드마크인 요괴 노인으로, 작중 최강의 무기 제작자다.

눈이 세 개 달린 '음메'라는 날아다니는 요괴 소를 타고 등장하는데, 이 소가 나타날 때마다 하늘에서 번개가 내리치는 화려한 등장 이펙트를 자랑한다. 말 한 마디 없는 이 소는 주인인 토토사이와 똑같은 자세로 자빠지는 코미디 담당이기도 하다.

무기 제작 실력은 타의 추종을 불허하지만, 그에 비해 행동은 상당히 코믹하다. 최강의 무기를 만들어내는 장인의 손과 코미디를 담당하는 캐릭터성이 묘하게 조화를 이루는 캐릭터. 요괴계의 철공소 사장님이자 이누야샤의 무기 담당 기술자로, 시리즈의 핵심 무기들을 제작한 숨은 공로자.

토토사이

나라쿠의 두 번째 분신

나라쿠의 두 번째 분신으로, 이름은 일본 무가 카구라에서 따왔다. 태생은 나라쿠의 살점이지만 주인님 말씀에 고분고분한 하인과는 거리가 먼 반항아다.

나라쿠에게 얽매여 사는 걸 질색하는 자유로운 영혼의 소유자. 아무 이유 없이 나라쿠의 근거지를 탈출해 싸돌아다니는 게 취미일 정도로 독립적인 성격이다. 다만 나라쿠도 만만한 상대가 아니라서, 그녀를 만들 때 심장만큼은 자기 체내에 남겨뒀다는 치밀함. 언제든 조종할 수 있는 안전장치를 심어둔 셈이다.

나라쿠를 싫어하면서도 그의 명령을 수행하며 때로는 즐거워하는 이중적 태도를 보인다. "어차피 거부할 수 없으니 차라리 즐기자"는 현실적인 마인드의 소유자. 반항과 복종 사이에서 묘한 균형을 유지하는 복잡한 캐릭터로, 악당 조직 내 미묘한 권력 구도를 보여주는 흥미로운 존재다.

카라

쟈켄

셋쇼마루의 부하 요괴.

셋쇼마루의 충성스러운 부하로, 주인에게 하사받은 '인두장'이라는 무기를 사용하는 요괴. 첫 등장부터 수십 명의 산적을 흔적도 없이 태워버리는 화력을 과시했다.

작은 체구에도 불구하고 카고메와 비슷하거나 더 강한 완력을 자랑하는 파워 요괴. 덩치에 비해 힘이 어마어마하게 센 편으로, 작은 체구가 무색할 정도의 파워를 지녔다.

셋쇼마루에 대한 충성심은 거의 종교적 수준. 주인을 위해서라면 뭐든 할 준비가 되어 있는 충직한 부하 캐릭터로, 셋쇼마루 일행의 실질적인 잡일 담당이자 충성심의 상징과도 같은 존재다. 작은 체구와 큰 충성심의 대비가 인상적인 캐릭터.

스스로를 등불 삼아

18살 여고생에게 미래에서 아들이 찾아왔다! ㅋㅋ

유튜브 리뷰

우리 엄마에요

83

(난데??)

10분전ㅋㅋㅋㅋ

친구 두분 화장실 가는길에 섭외함ㅋㅋㅋㅋㅋ

우리 엄마에요

(이분이랑) (이분임)

(말도 안돼)

천공?
이름
나이?

친구 몰래카메라 동참해줘서 고맙습니다ㅋㅋㅋㅋ

리액션 잘해줘
옆에서 잘 도와줘

ㅋㅋㅋㅋㅋㅋㅋㅋㅋㅋㅋㅋ

절한번 어머니
올릴께요

ㅋㅋㅋㅋㅋㅋㅋ

지금 엄마가

ㅋㅋㅋㅋㅋㅋㅋㅋㅋㅋㅋㅋㅋ

고2 됐겠다 지금

(카메라 저깄구나ㅋㅋ)

!!!!!

어머니 많이
놀라셨을건데

(무서워)

오잉??

당연히 안믿기실거에요

85

(미자이모)

지수이모가 저 진짜 많이 챙겨줬거든요

우리..

(진짜 미래 아들이야?)

지수이모는 잘있어요?

지금 시간이 없어가지고 빨리 말씀드릴께요 엄마

과거로 온 이유가 뭐냐면

효도좀 할려고 왔어요

내동생

선물좀 빨리 드리고 저 시간이 없어가지고

이거 이번주 토요일날에

엄마 2년후에 대학가요

(로또)

저기 이화여대 갈꺼야

!?!?!?!?

왜?

(아들 잘됐다)

그리고 거기서 만나는
소개팅 남자

빨리 받아!

지금 만나는

이거 1등 36억
되는거거든요?

윤서준

그남자랑 결혼할거에요
우리 아빠에요

남편, 우리 아빠 아니에요

아니아니야..

'윤서준'님 죄송합니다 ㅋㅋㅋㅋㅋㅋ

이모들에게도 로또 주기ㅋㅋㅋㅋㅋㅋㅋㅋ

두분 평생 영원하시길 기원합니다 진심

미자이모 2등,3등,4등이에요

이화여대 가가지구
첫 소개팅 하는데

(진짜 아들이에요?)

범맥주에서 만나는
남자 있어요

진짜 내가 타임머신
타고 가야돼 엄마

늦게 가면 미래가 바뀜ㅋㅋㅋㅋㅋ

늦게 가면 미래가 바뀜ㅋㅋㅋㅋㅋ

엄마 꼭 행복하게
잘 지내요 진짜

(얼떨떨..)

밤10시 이후에는

집에 들어가야되요

네

(꼰대 아들?)

로또 잃어먹으면 안돼요!

이모들도 나중에 봐요

이렇게 아들과의 짧은 만남이 끝났다

ㅋㅋㅋㅋㅋㅋㅋㅋㅋㅋㅋㅋㅋㅋ

르포: 수용소 이야기

김천의 문화 (서열편)

김천의 서열은 보통 크게 5가지로 나뉨.

반장: 직업 훈련 반의 대가리

열외: 직업 훈련 반마다 케바케인데 보통 반장 바로 밑, 아님 반장과 동일한 권력을 갖고 있으나 주임 면담이나 기타 등등 신경쓸게 많아서 귀찮아서 하는 경우

중고참: 띵 잡고 하참들에게 수시로 야시를 주며 말을 잘듣게 통솔하는 사람. 여기서 띵 잡는다는 말은 꼬투리를 잡는 걸 얘기 함.

소지: 직업 훈련 반 안에서 잡일 맡아서 하는 사람, 배식이나 또는 반장의 옷 매무새 정리, 반장의 손과 발이 되어줌. (예외로 한 직업 훈련 반에 소지가 두명이면 소지 반장이라 해서 따로 소지 중에서도 누가 더 높은지 나누는 경우도 있음.)

하참: 직업 훈련 반의 제일 밑바닥, 이 중에서도 서로 하참들 끼리 서로 서열을 가리거나 기 싸움을 하긴 하는데 사실 가장 권력이 없는 사람들.

본격적으로 서열에 대해 얘기하기 전 간단하게 김천 처음 들어가서
직업 훈련 반을 들어가기 까지에 대해 간단하게 적어보겠음.
처음에 형 확정받고 김천소년교도소에 가게 되면 다른 소에 들어갈
때 처럼 소지품 검사랑 뭐 할 거 다하고 직업 훈련을 받기 전 신입 방
으로 가게 되는데 이 신입 방 위치가 교양 반이라 그래서 징벌을 갔
다가 바로 직업 훈련을 못 가서 대기 하는 방이라 그러는데 그 옆에
위치해 있어서 처음 들어가게 되면 옆 방에서 이제 너네 ㅈ됐다 이러
면서 야시를 존나 줌

그렇게 있다가 직업 훈련을 상담을 통해 배정 받고 이제 본 방에 짐
을 놔두고 직업 훈련 장으로 가게 되면 본격 김천 생활이 시작된다.
아마 대부분의 소년수들이 처음 직업 훈련을 가서 깜짝 놀랄게 일반
교실처럼 생긴 곳에 맨 뒤의 책상에 앉은 한 두명을 제외 한 나머지
는 모두가 머리를 고정한 채 미동도 없는 자세로 있기 때문.

심지어 그 한 두명을 제외 한 나머지 인원 전부 빡빡 머리...
그럼 이제 들어가서 자기 소개를 하기 전 대충 분위기 파악이 다들
될 거임.아 저 맨 뒤에 있는 저 자유분방한 사람들이 이 직업 훈련 반
에 대가리겠구나. 지금 생각해보면 별 대수롭지 않겠지만 그 당시에
기준으론 그 분위기에 대부분 압도 되어서 어버버 거릴때 이제 중고
참이라고 하는 애들이 와서 화장실이나 구석으로 끌고 가서 신입한
테 겁 주면서 본인이 있는 직업 훈련 반에 규칙에 대해서 간단하게
설명 해주고 야시 좀 준다음에 자리에 앉혀놓음.

이 때 대부분 사람들은 거기서 다 재끼고 반장까지 재끼면 되는거 아
님? 이러는 경우가 있지만 처음 가보는 교도소에 자기들도 다 동네
에서 한따까리 한다는 애들만 모아놓은 소년교도소에서 그렇게 몇
명 되지도 않는 인원에 통제당하는 모습 보면 막상 그런 생각이 잘
안들뿐더러 그렇게 재낀다 그래도 어차피 징벌받고 다른 직업 훈련
반에 가도 똑같기 때문에 대부분은 그냥 그렇게 하참으로 받아들임.
적다보니 너무 길어져서 2탄으로 넘어가겠음.

김천의 문화2
(방생활)

전 글에서 이어서 하참으로 그렇게 직업 훈련 반에 들어가면 각 반마다 조금 씩은 다르지만 공통 적인 규칙이 있다면 의자를 빼서 앉을 때 소리가 나면 안됨. 이제 소리가 나는걸 의자 깬다고 얘기하는데 그러면 중고참 애들이 와서 의자 깨지말고 조용히 앉으라고 욕을 박아댐. 그걸 이제 김천 안에선 소리 문화라고 하는데 무슨 행동을 하더라도 큰 소리를 내면 안되는게 룰임.

그러고 의자에 조심히 앉으면 발을 딱 붙이고 허리에 손을 놓고 부동자세로 하루종일 있어야 하는데 그렇게 첫 날에 낮 일정이 다 끝나면 방으로 들어가게 되는데 방에 들어가면 그 방 안에도 서열이 존재한다. 직업 훈련 반 처럼 세세하게 나눠있진 않고 방관리와 그 외로 나뉘는데 여기서 방 관리라고 하는 애들은 대부분 중고참이 맡아서 하는데 방 안에 중고참이 없고 하참이나 소지들로 구성되어 있을 경우에는 소지나 하참 중 제일 짬이 높은 애로 방 관리를 하게 됨.

방마다 조금씩 룰은 다르겠지만 공통 적인걸 적어보자면 방에 들어가면 무조건 앞 창엔 방 관리가 앉고 나머지 애들은 싹 다 각대 밑에 벽에 붙어서 양반 다리 고정한다. 여기서 각대란 개개인이 쓸 수 있는 사물함인데 이 것도 인당 1칸 내지 방 사람이 여유로우면 2칸을 쓰게 되어 있는데 대부분은 방 관리가 자기 짐 여유롭게 넣고 남은 칸 수를 나눠서 쓰는데 운 안좋으면 이제 2명에서 1칸을 나눠 쓰는 경우도 있음.

그렇게 각대 밑에 양반다리로 손을 허벅지 위에 고정 시키고 앉는 걸 안에선 차땡긴다 라고 표현함. 그리고 직업 훈련 반이랑 일반 방에서 보고 문화라는게 존재하는데 이 보고 문화란 모든 행동을 하기 전 방 관리한테 보고를 해야함. 예를 들자면 방 안에서 화장실이 가고 싶다. 그러면 방 관리에게 "OO아 나 화장실좀 갔다와도 돼?" 물어보고 허락을 맡은 뒤 가야 되고 그게 방관리가 나이가 어리더라도 마찬가지로 보고를 해야한다.

여기서 가끔 악질인 방 관리인 경우 일부러 가지마 라고 하고 안 보냈

다가 반응좀 보고 보내는 애들도 존재하는데 거의 대부분은 그냥 행동 하기 전 물어본다고 생각하면 됨. 몇 애들은 보고 받기 귀찮다고 방관리애들이 그냥 풀어주는 경우도 있지만 대부분 질서를 위해 보고를 받는다고 생각하면 된다. 이 보고는 모든 행동에 적용되기 때문에 접견 이라던지 뭐 편지를 쓴다 던지기타 등등 그냥 모든 행동을 하기 전에 보고를 해야 된다고 생각하면 된다.

이 중에서도 진짜 개악질은 접견을 가야 해서 보고를 했는데 방 관리가 꼴혀있는 새끼가 접견가는 꼴을 보기 싫어서 안된다고 해서 접견 거부도 하는 애들도 봤다. 유일하게 징역의 낙이라고 할 수 있는데 그게 설령 부모님이 오신 접견 이라도 거부를 안 하면 그 다음에 일어날 보복이 더 두렵기 때문에 거절을 할 수 밖에 없다.

하루 종일 벽에 붙어서 차땡기고 있는 하참들에게도 쉬는 시간이 허락될 때가 있는데 그건 방 관리가 장기를 두고 싶다, 아님 무언가 방 사람들이랑 하고 싶은 놀이가 있다는 등 그럴 땐 이제 숨 좀 고를 수 있는 시간이라고 생각 할 순 있겠지만 장기를 잘 둬도 방 관리 기분에 따라 방 분위기가 달라지기에 일부러 살살 지는 장기를 하는 접대 장기를 한다던지 아님 방 사람들끼리 하는 뭣나나 이런 것도 일부러 져야 한다던지 몸은 편하더라도 정신적으로 고통 스러울 수가 있다.

또 방 관리는 이제 방에서 운동을 하는 애들이 대다수라 망을 보는 애가 필요 한데 여기서 망을 본다는 말을 "띵 본다"라고 표현한다. 띵 보는 애들은 거울 조각이나 여자 스킨 뚜껑 등 거울로 사용할 수 있는 도구를 이용해서 양 쪽에 한명 씩 앞 창 밖으로 살짝 거울을 내밀고 보는데 여기서 한 명이라도 띵을 잘 못 봐서 실수로 운동을 걸리게 되면 그날 방 애들은 잠 못잔다고 봐야된다.

그리고 또 방 안에서 하는 놀이 중 하나가 휴지 복싱이라 그래서 휴지 가운데에 있는 심을 뺀 뒤 그 안에 주먹을 넣고 서로 복싱을 하는건데 대부분 방 관리 애들은 자신 가오를 지키기 위해서 혹시라도 하참한테 지는 경우 쪽 팔리니깐 하참 애들 끼리 시켜서 관전하는데 하참인 애들 같은 경우는 그렇게 서로 원치 않는 휴지 복싱으로 다치는 경우도 허다하다.

방 안에서도 소리 문화는 존재하는데 각대를 열고 닫을 때라던지 화장실 문을 열고 닫을 때, 식탁을 필 때 등 이 외에도 다양한 룰이 방 안에 있는데 직업 훈련 반에서도 정신적으로나 신체적으로나 고된 하루를 끝내고 방에 들어와도 모든게 연장이다 보니 가끔 못 버티는 하참들도 있기 마련. 그래서 그런 하참들은 아침에 직업 훈련 반을 가기 전 관구실로 들어가 출역 거부를 하는데 여기서 말하는 출역 거부란 직업 훈련을 안 받겠다는 뜻으로 출역 거부를 했을 경우 징벌 15일을 받게 됨.

근데 결국 그렇게 징벌을 받고 나서 다시 일정 기간이 지나면 그 전에 갔던 직업 훈련이 아닌 다른 직업 훈련을 또 받아야 되기에 결국엔 원점이라 징역 기간 내내 징벌 방에서 살 생각이 아니라면 무용지물이다. 글을 써도 써도 말할게 많지만 대충 이정도로 마무리하고 다음 3탄에는 김천에서 서열이 올라가는 과정과 그 외 자잘한 문화에 대해 또 설명하겠다.

댓글

징갤러1: 와 디테일하게 올렸네
지금도 이렇게 빵기가 세구나

징갤러1: 애들끼리 이렇게 통제를 하루종일 심하게 하는구나

글쓴 징갤러: 피 끓는 10대 애들만 모아 놓고 방 쓰게 하니 뭐... 교도관들도 어느 정도 쉬쉬 해주니깐...

징갤러2: 징역내내 징벌방 쓰면되잖아?

징갤러2: 근데 하는거보면 성인교도소보다 훨씬 더한거같다 악마새끼들만 모아놔서그런가 왠만한새끼는 소년원으로가니까

ㅇㅇ: 거기 서로 X아주는 계가 있다던데 그런썰좀 풀어봐라

징갤러3: 애새끼들이 원래 싸이코다

ㅇㅇ: 방 좀 바까주이소...... 못살겠습니다......

징갤러4: 나 미결방 있을 때 김천소년교 살다온애 있었는데 걔가 썰 푼 내용이랑 같네. 편지 쓸 때도 소리 안나게 쓴다던데. 그리고 믹싱 걸레질 하는 썰도 풀어줘라.

징갤러5: 08년 소년원이랑 비슷하노

길을 잃는다는 것은 곧 길을 알게 된다는 것이다.
동아프리카 속담

김천의 문화3
(서열이 올라가는 과정)

일단 본론으로 들어가기 전 2편에서 달아준 댓글들에 대해 간단히 답장 해준다면 웬만한 성인 교도소보다 훨씬 소년 교도소는 빡세고 엄하다. 대부분의 소년수들은 형사 처벌을 받지 않기 때문에 소년원으로 빠지는 반면 소년 교도소에 올만한 애들은 대부분은 다 난다 긴다 하는 애들이거나 성범죄같은 경우는 죄질이 가벼운 애들이 일절 없기 때문. 그렇기에 그런 애들끼리 모아놓은 교도소에서 평화를 찾기는 힘든법이다.

서로 X아주는 계에 대해서 물어본 친구도 있는데 내가 있을 동안에는 딱 한번 봤다. 근데 그 것도 서로 X아주는게 아닌 방관리가 생활 하는 애였는데 모두 자고 있는 새벽에 하참 한 명을 자기 이불 안에 숨기고 자신의 성기를 X라고 강제로 시킨 건데 그 방관리는 나중에 피해자한테 신고 당하고 징벌을 받은 후 생활 늘어지고 인식이 별로 안 좋아졌던 일이 있었고 그 외엔 딱히 계가 있었던 적이 없어서 잘 모르겠다.

미싱 걸레질에 대한 질문도 있었는데 걸레질 같은 경우는 개구리라고 해서 걸레를 길게 일자로 접은 후 양쪽 끝을 잡고 이물질을 가운데로 모으면서 앞으로 조금씩 점프해가면서 닦는 방법이 있는데 이 모습이 마치 개구리 같다고 해서 닦는 방법이 개구리로 알려졌는데 이 외엔 뭐 따로 미싱 걸레질이라고 할만한 게 딱히 없었던 것 같음.

어쨌든 본론으로 들어가서 1편에서 얘기했듯이 김천에는 다양한 서열이 존재하는데 그 서열이 올라가면 올라갈 수록 방생활이 편해지고 권력이 생기게 되는데 이 과정에 대해 이야기 해보겠다. 소년수가 200명 남짓한 곳에서 중고참 부터 그 위 반장까지 약 15~20프로를 제외 한 나머지는 다 하참이기 때문에 대부분의 소년수들은 하참으로 지내다 출소를 하게 된다.

그러면 이제 나머지는 어떤 식으로 서열이 올라가게 되냐. 첫 번째는 짬이다. 전 글들에서 김천은 짬 같은건 신경을 안 쓴다고 했었는데 김천의 서

열은 소년수들끼리 정하는게 아닌 각 직업 훈련 반 담당 주임도 같이 정하기 때문이다. 담당 주임들은 개입을 잘 안 하지만 한 직업 훈련 반에서 오랫동안 지내고 반장을 할만 한 다른 거물들이 오지 자기 직업 훈련 반에 오지 않는 이상 마땅히 반장을 시킬만한 사람이 없다 판단하면 짬 순으로 반장을 정한다.

대표적으로 김천에 있는 직업 훈련 반 중 악대라는 곳이 있는데 이 곳은 악기 연습을 하는 직업 훈련 반인데 이 직업 훈련 반 같은 경우가 이제 대표적으로 짬 순으로 방장을 먹는 곳이다. 대부분의 훈련 반 친구들이 형량이 긴 친구들이며 짬 순으로 방장을 먹기 때문에 하참들도 딱히 중고참, 열외, 반장들을 크게 먹어주지 않고 다른 직업 훈련 반 사이에서도 무시를 많이 받는 곳이기도 하다. 이런 식으로 서열이 올라가는 경우를 제외 하곤 여전히 짬은 김천 에서 전혀 의미 없는 것이다.

이 외에도 김천 에서 직업 훈련은 교육 기간이 각자 정해져 있는데 이 교육 기간이 끝나고 다른 직업 훈련 반으로 안 가고 남을 수 있는데 이 같이 남는 사람들은 숙련공 이라고 한다. 이 숙련공들은 대부분 하참들이 남게 되는데 다른 직업 훈련 반에서 거물들이 오지 않으면 이 같은 경우도 이제 반장이나 중고참 등으로 빠질 수 있게 되는데 대부분은 다른 직업 훈련 반에서 온 거물들에게 자리를 다 뺏기고 소지 정도로 머물게 된다.

두 번째는 얼마나 먹어 주냔데 전체적으로 반장이나 중고참 열외 이 셋은 어느 직업 훈련 반에 가더라도 다 그 자리를 유지 한다. 왜냐하면 직업 훈련 공장이 모두 밀접하게 붙어 있기도 하고 각 직업 훈련 반의 반장이나 열외 같은 경우는 서로 소통을 하고 친해지기도 하며 방과 방 끼리 얘기하는 소위 통방도 자주 하며 친밀하기 때문이다. 그래서 예를 들면 제빵 훈련 반의 열외가 바리스타 훈련 반으로 가게 된다면 제빵 훈련 반의 반장이 바리스타반의 반장에게 내가 아끼는 친구 가니까 잘 좀 챙겨줘 말 한마디 하면 제빵 열외가 바리스타반 가서 중고참이나 열외 등으로 빠지게 된다던지 그런 경우가 대다수다.

그런데 이제 하참 생활을 하면서 여러 직업 훈련을 다니다가 각 반의 고참 들에게 이쁨을 받고 씩씩하고 다른 하참들에게 무시당하지 않고 어느 정도 밖에서 먹어준다는 애가 있다면 이제 윗대가리 들이 하나 씩 출소 할 때 이런 친구들이 이제 중고참 달고 이런 식으로 서열은 거의 대부분 대물림 형식으로 진행된다. 그 외에 어디 소년원 대장 출신, 아님 밖에서 부터 원래 알고 지냈던 사이 등등 이제 먹어준다 하는 친구들은 대부분 각 직업 훈련 반에서 이런 친구들이 왔을 때 마찰을 일으키기 싫어 자리 하나 정도 내어주는 경우도 있다. 뭔가 생각나는 건 많은데 막상 글로 적으려고 하면 항상 두서 없이 적게 되는 것 같아 읽기 힘들어도 양해 부탁한다.

그리고 이건 잡담 인데 김천에는 정말 쓸 데 없는 문화가 많은데 몇 개 번외 편으로 적어 보자면 고무신은 절대 하참이 신을 수 없다. 김천에서의 고무신은 권력을 상징하는 물품인데 다른 직업 훈련 반에서는 중고참도 고무신을 못 신게 하는 반이 있다. 그 외에 빽양말이라고 여성 양말을 시키면 가끔 흰색 양말이 나올 때가 있는데 이 것도 하참들은 못 신게 하는 직업 훈련 반이 종종 있다.

그리고 또 교도소에 가본 친구들은 알겠지만 신발도 가격이 비싼 고가 신발이 있고 가격이 비교적 저렴한 저가 신발이 있는데 고가 신발이 흰 색깔에 모양이 잘 빠졌다 그럼 그 것도 중고참 이상 들만 신을 수 있고 하참들은 돈이 아무리 많아도 신을 수 없고 저가 신발만 신어야 되는 그런 문화도 존재 했었다. 그리고 하참들은 한 명도 예외 없이 6미리 빡빡 머리를 해야 하는데 이 과정에서 자기는 머리 죽어도 안 밀겠다 선언 했던 한 친구가 있는데 이 친구 같은 경우 그 직업 훈련 반의 고참이 쌍 또라이라 하루 종일 두들겨 맞고 결국 머리를 밀었다고 한다....

소년원의 문화의 원조 격이라 할 수 있을 만큼 소년원에서 있을만한 ㅈ같은 문화와 해병대를 따라하는 어설픈 문화들이 섞여서 서열이 낮은 애들만 죽어나가는 이 문화는 소년원에서 추가 건으로 형사 재판 받고 넘어 오는 친구들에게 물어보면 소년원 보다 빡셌음 빡셌지 그보다 약하진 않다고 할 정도로 대부분 소년수들은 들어오면 적응을 잘 못 할만하다.

이 외에도 또 궁금 한게 있으면 댓글로 질문 하고 뭔가 좀 풀 만한 썰이 생긴다면 4편으로 찾아 올테니 많은 관심 줘서 고맙고 재밌게 읽었다면 추천 한번 씩 부탁한다

댓글

글쓴 징갤러: 형이라곤 부르는데 반말하고 행동이 굼뜨거나 폐급이면 맞는거는 똑같고 몇 명은 그냥 야, 이름으로도 불리지 나이도 크게 의미가 없어서

징갤러2: 진짜 소년소가 개빡이네 ㅋㅋㅋㅋ 솔직히 나이쳐먹으면 저런거 귀차나서 안하겠다 ㅋㅋㅋ 기상 출역 저녁 잠 무현반복인데

글쓴 징갤러: 나이 먹고 되짚어 보면 정말 의미없는 행동이긴 하지 ㅋㅋㅋ

징갤러3: 신삥이 쌈 잘하거나 유명하면 고참 될수있는거야?

글쓴 징갤러: 쌈 잘하거나 유명하다고 무조건 고참이 되는게 아니라 이제 안에 있는 고참들이 그 신삥을 밖에서 부터 꽤 유명하고 쌈 잘하는 걸로 알려져 있고 밖에 자기 친구들이랑도 잘 알고 친구면 고참 자리를 주기도 하고 아니면 이제 편한 하참이라 그래서 자리 상으론 하참인데 머리 안 밀고 행동도 자유롭게 하고 열외처럼 지내는 경우도 종종 있지

징갤러4: 2000년대중후반 소년원이랑 진짜비슷하네 거기도 전체 총반장같은거 있나? 빽양말은 소년원도그랫고 카라세우고 옷걸이나 샴푸이런것도 고참만썻는데

글쓴 징갤러: 아마 소년원이랑 대부분은 비슷할꺼야 총반장도 당연히 있지 근데 소년원과 다르게 총반장이 의미하는게 모든 직업 훈련 반을 통솔하는 개념이 아니라 어느 직업 훈련 반에 가도 반장을 할 수 있을 정도로 먹어준다 정도의 개념이고 멋내고 좀 고급진 것들은 고참의 소유물인거는 아마 비슷하지 않을까 싶음

어르신
색칠공부
치매예방

출처:
노인복지
보호센터

즉문즉설 :
힘들때 읽으면 도움되는 이야기

아버지가 저를
성폭행 했습니다.
어머니는 모른척 했구요.
아버지와 어머니를
어떻게 대해야 할까요?

- 질문자 : 저는 한달 전까지 고등학교 교사였습니다.
그런데 너무 힘들어서 우울증이라는 병에 걸리게 되었고
지금은 약물치료를 받고 학교를 그만두게 되었습니다.
근본적인 원인에 저희 가족들이 있는 것 같습니다.
저희 가족들은 저에게 늘 무거운 짐이었습니다.

아버지는 제가 초등학교 2학년 때 저를 성폭행 하셨습니다.
그때 어머니는 집을 가출하셨고 오빠도 집을 나가 있었습니다.
어릴 때는 아버지만 미워했는데 작년부터는 어머니까지도 미워하게
되었습니다.
저희 집은 매일 싸움이 있었는데 아빠 엄마가 싸웠던 이유가
다 알콜 중독인 아빠 때문이었기 때문에 항상 엄마는 불쌍하다고 생
각했습니다.
제가 사회에 나가서 선생님이 되어 돈을 벌게 되면서는
엄마와 오빠를 너무너무 싫은 아빠로부터 독립을 시켰습니다.
그 후 아버지는 7년간 혼자서 계셨습니다.
그 부분에 대해서 제 마음이 편할 수가 없었습니다.
아버지를 괴롭게 만든 게 어머니란 생각이 어머니랑 같이 살면서 조
금씩 느꼈던 것 같습니다.
어머니, 아버지, 오빠 모두 저에겐 의지가 안 되고

가족 전체가 제 경제력만 바라보고 있는 거 같아서
그 짐이 너무 무겁고 학교 다니기가 힘들었습니다.
그래서 학교를 그만두었습니다.
7년 동안 아버지를 홀로 뒀다가 작년에 아버지를 뵈었는데
증오라는 감정과 불쌍하다는 감정이 동시에 올라오더라구요.
지금도 아버지와 어머니를 어떻게 대해야 할지 모르겠습니다.

- 법륜스님 : 네, 아주 어려운 얘기를 꺼내주셨습니다.(청중 박수!)

어떤 사람이 나를 납치해서 매춘굴에 팔아버렸어요.
그곳에서 내가 아무리 탈출을 하려고 해도 탈출을 할 수가 없어요.
그래서 내가 거부하니까 나에게 강제로 마약을 주사 했어요.
나는 마약에 취해 손님을 받게 되고 또 정신이 들어 탈출하려고 하면
또 마약을 주사해서 또 손님을 받게 되고 이렇게 1년 2년 3년간 거기
서 고통을 겪었어요.
그러다가 어느 날 경찰이 와서 결국 나는 풀려났어요.
나는 이제 마약을 안 맞아도 되요.
그런데 이제는 내 스스로 마약을 맞습니다.
마약을 맞으면 처벌을 한다고 해도 맞습니다.
가족이 말리고 경찰이 말리는 데도 나는 숨어서 스스로 마약을 찾습
니다.
그럴 때 너 왜 마약을 하느냐 물었을 때 이것은 내 책임이지요.
내가 하고 싶어서 하는 것 아닙니까.
그들이 강제로 주사해서 마약 중독이 되었으니
그들 책임이다 이렇게 하시겠어요?
아니면 원인이 어디서 어떻게 생겼든 지금 마약을 하는 이 습관은
나의 습관이고 내가 이것을 멈춰야 내 인생에 도움이 된다,
어느 길을 선택하시겠어요?

- 질문자 : 좀 더 나은 희망이라는 것을 갖고 싶기 때문에...
스스로가 마약을 맞고 있다면 힘들더라도 끊고 싶습니다.

- 법륜스님 : 마약을 끊는 책임이 나를 납치해서 마약을 주사한 그 사
람에게 있어요?
그 사람이 직접 와서 나한테 잘못했다고 빌어야 마약을 끊을 거예요?
아니면 그 인간들이 그렇게 하지 않아도 마약을 끊을 거예요?

- 질문자 : 그렇게 하지 않아도 마약을 끊어야겠죠.

- 법륜스님 : 내 고통의 시작은 아버지로부터 시작이 되었다 하더라도 지금 이 고통은 누구꺼요?

- 질문자 : 제 꺼요.

- 법륜스님 : 그럼 아버지가 개과천선해서 나한테 잘못했다고 빌어야 내가 이 고통에서 벗어날 거예요? 아버지하고 상관없이 벗어나야겠어요?

- 질문자 : 상관없이 벗어나야 되는데 너무 힘이 듭니다.

- 법륜스님 : 마약을 전에는 안 맞겠다고 했는데도 강제로 맞춰서 맞았는데,
지금은 맞지 마라 했는데도 내 스스로 선택해서 맞지 않습니까?

- 질문자 : 네.

- 법륜스님 : 그처럼 처음에는 내가 싫다는데도 강제로 괴롭힘을 당했지만
이미 괴로워하는 것이 습관이 되어서 누가 나를 괴롭히는 사람이 없는데도
이제는 내가 괴로워하고 있어요.
그러니까 지금 정신을 차려야 되요.
원인이 누구한테 있었건, 아버지로부터 있었건, 어머니로부터 있었건,
오빠로부터 있었건, 길가는 사람에게 있었건, 누구한테 있었건,
그런 건 지금 논하는 게 중요하지 않아요.
기도를 이렇게 해야 되요.
"어머니, 아버지 감사합니다. 낳아주시고 키워주셔서 감사합니다."
이렇게 엄마한테 108배, 아빠한테 108배, 200배
절을 하면서 감사하다는 기도만 하셔야 합니다.
딴 생각은 하지 말고요.
낳아서 갖다 버려도 낳았으니까 내가 살고 있고,
설령 성폭행을 했다 하더라도 그래도 내가 이 세상에 태어나서
살고 있는 것은 누구 때문에 살고 있어요? 엄마 아버지 때문에 살고 있죠?

- 질문자 : 네.

- 법륜스님 : 감사하다는 생각만 해야 되요. 그러면 치유가 됩니다.
자기 정신 질환도 치유가 되고요.
아버지가 나를 성추행했다 이렇게 생각하는 것도 상에 집착하는 겁니다.
그 남자가 내 손을 잡을 때는 아버지예요, 남자예요?

- 질문자 : 남자.

- 법륜스님 : 그냥 남자예요.
상을 지었으니까 나에게 정신적인 고통이 큰 겁니다.
어떤 사람이 나를 껴안았어요.
그런데 내가 좋아하는 사람이예요. 그러면 사랑을 받았다 이렇게 말하죠?

- 질문자 : 네.

- 법륜스님 : 만약 내가 싫어하는 사람이 껴안았다면 뭐라고 해요?
성추행을 당했다 이렇게 되죠.

- 질문자 : 네.

- 법륜스님 : 그러면 성추행을 당하기도 하고
사랑을 받기도 하는 것은 그가 하는 거예요? 내가 하는 거예요?

- 질문자 : 내가 하는 거요.

- 법륜스님 : 이 도리를 지금 깨쳐 버리면 어릴 때 상처를 단박에 벗어날 수 있고,
이 도리를 못 깨치면 죽을 때까지 무거운 짐을 지고 살아가야 해요.

- 질문자 : 네.

- 법륜스님 : 알아들었어요?

- 질문자 : 네.

- 법륜스님 : 더 묻고 싶은 것 있어요?

- 질문자 : 저는 나이가 35살인데요. 아버지한테 그 일이 있은 후...
결혼을 하고 싶은데 그걸 배우자에게 어떻게 말해야 할지요?

- 법륜스님 : 배우자한테 말할 필요가 없어요.
자기한텐 아무 일도 없었어요.

- 질문자 : 남자를 사귈 수가 없어요.(눈물)

- 법륜스님 : 그러면 하루에 108배를 더 절하면서 이러세요.
"부처님 저는 아무 일도 없었습니다. 저의 몸과 마음은 깨끗하고 청정합니다."
이렇게 절을 하세요. 아무 일도 없었어요.
그냥 어릴 때 그런 꿈을 꾼 거예요.
그냥 꿈이었을 뿐인데, 악몽에 지금도 시달리고 있는 거예요.

- 질문자 : 좋은 말씀 감사드립니다. (질문자 환하게 웃음)

- 법륜스님 : (청중들의 우렁찬 박수!) 제법이 공(空)하다 이런 말 들어 보셨어요?
이 몸도 공(空)해요.
부처님이 와서 내 머리를 쓰다듬고 나를 껴안아준다고 해서 이 몸이 성스러워집니까?
어떤 남자가 와서 나를 껴안고 성추행을 했다고 해서 이 몸이 더러워집니까?
아니에요. 이 몸은 더럽힐래야 더러워질 수 없고 성스럽게 할래야 성스러워질 수 없습니다.
다만 공(空)할 뿐이에요.
어떤 사건이 일어나는 순간에 '아, 내가 사랑을 받았다'는 한 생각이 나를 성스러워지게 하는 것이고,
'아, 내가 성추행을 당했다' 는 한 생각이 나를 더러움으로 빠트리는 거예요.
내가 진실을 알면 천하 누가 나를 더럽힐 수도 없고
천하 누가 나를 성스럽게 할 수도 없어요.
그러니 아버지를 논하지 말고 내가 악몽 속에서 아직 꿈을 꾸고 있는 거예요.
'아, 진리를 깨닫고 보니 이 몸은 더럽힐래야 더럽혀질 수가 없구나.
이 몸은 성스러워질래야 성스러워 질수가 없구나.'
이걸 확연히 깨쳐버리면 오늘로서 끝이 나는 겁니다.
그것을 움켜지고 있으면 죽을 때 까지 무거운 짐이 됩니다.
그러니 자신의 정신적인 상처를 먼저 치유하고 결혼을 해야 됩니다.
지금 결혼을 논할 때가 아니에요. 결혼하는데 아무런 장애가 없습니다.
옛날에는 여자는 부정하다고 했죠?
인삼밭에도 오지마라, 배 탈 때도 오지마라, 가게 첫 손님으로도 오지마라 이랬잖습니까?

- 청중 : 네

- 법륜스님 : 여자는 부정합니까?
(아니요)
과거에는 여자가 부정하다는 관념이 있었죠.
지금은 여자가 부정하다는 관념이 없어진 것이지 여자가 없어진 것은 아니잖아요.
옛날에는 양반 상놈이 있었죠. 양반 상놈도 관념에 불과한 거예요.
그런 어리석은 생각들이 지금은 없어진 것입니다.
더럽다는 생각이 지금 나를 괴롭히는 것이지 아버지가 나를 지금 괴롭히는 게 아닙니다.
아무런 더러움이 없습니다. 본래 내 몸을 더럽힐래야 더럽힐 수가 없습니다.
어리석은 한 생각이 일어나서 그것을 지금까지 움켜지고 있었을 뿐이지

탁 내려놔 버리면 바로 해방되는 거예요.
문제는 이렇게 깨달음의 길로 갈 것인가,
아니면 어리석은 생각을 움켜쥐고 괴로움의 세계로 갈 것인가?
중생이 될 것인가, 부처가 될 것인가의 갈림길에서 자기 선택인 겁니다.

저 같은 사람은 이렇게 심리치료를 해줘야 되고
또 정치하는 사람은 세상을 좋게 바꿔줘야 되요.
저 같은 사람은 어떤 성폭행을 당했다 하더라도 한 생각 버려서
자기 해탈을 하도록 도와줘야 되고,
세상은 그런 일이 일어나지 않도록 제도적으로 보완을 해야 되고
이 양쪽을 다 가야 되요. 한쪽만 가는 게 아니고요. #

연쇄살인범이나 상습 성폭행범은 바뀔 수 있습니까? 모든 사람은 변할 수 있을까요!?

-질문자:
안녕하세요.
답답하면 무엇이든지 물어라 라는 주제로 법회를 시작하겠습니다.

스님 안녕하세요.
저는 **《붓다, 나를 흔들다》**를 구매했을 때 보게 되어 힘든 군 생활에 큰 힘이 되었습니다. 그리고 인터넷을 통하여 여기까지 오게 되었습니다.

질문을 한 가지만 한다면, 모든 사람은 변할 수 있습니까?
연쇄살인범이나 상습 성폭행범, 폭행범은 바뀔 수 있습니까?

사이코패스의 유형은 바뀌지 않는다는 이야기도 있습니다.
하지만 부처님께서는 여러 사람을 죽인 살인자도 교화하셨습니다.
그 살인자는 교화되었으나, 자신의 업에 따라 돌에 맞아 죽었으며 살인자는 저항하지 않고 받아들였습니다.

그렇다면 지금의 흉악범들도 교화할 수 있을까요?
교화할 수 있다면 어느 분이 할 수 있을까요?

사형제도에 대한 찬반 또한 분분합니다.
흉악범들을 살려둬야 하는지, 죽여야 하는지 불법에 따라 생각하면 흉악범이라도 불쌍히 여기고 교화해야 한다고 생각되기도 합니다.
반대로 흉악범들은 자신들이 행한 결과에 대한 과보를 받아야 할 것이라는 생각도 듭니다.

사이코패스의 유형은 자신에 대한 괴로움이 있을까요?
양심의 가책은 전혀 느끼지 못한다고 알고 있습니다.

답변 부탁드립니다.

- 법륜스님 :
불교에서는 옳다 그르다 할 것이 없다고 말합니다.
여러분들은 이를 받아들이기 어렵겠지요. 분명히 옳고 그른 게 있는데, 왜 옳다 그르다 하는 것이 없을까?

우리가 어떤 사물을 볼 때 모든 사람들은 나만이 아니라 타인도 어떤 사물을 인식할 때 자기를 기준으로 해서 인식합니다. 자기 관점에서 본다는 얘기예요.

그래서 똑같은 것을 두고도 누가 보느냐에 따라서 다릅니다. 이 자기 관점이라는 것은 자기가 살아온 환경의 영향도 있고, 문화적 영향, 종교적 영향, 가치관, 생활습관, 윤리관, 관습 등 온갖 것들이 다 포함돼 있습니다.

자기를 기준으로 해서 세상을 본다는 거죠. 음식을 먹을 때도 마찬가지입니다. 간을 보면서 "이게 싱겁다, 짜다" 이렇게 말하지만, 사실은 음식 자체가 짜거나 싱거운 것이 아니라 그 사람의 입맛 때문입니다.

내가 싱겁다고 하는 것을 어떤 사람은 짜다고 할 수도 있고, 어떤 사람은 맵다고 못 먹겠다고 하는데 다른 사람은 "이게 뭐가 맵냐"고 할 수 있습니다.

그것이 모든 것에서 자기 기준입니다. 그런데 문제는 "이건 내 관점이다, 내 입장이다" 이렇게 생각하면 되는데, 자기 관점이 절대화되어 버립니다.

그래서 "내 입맛에 짜다"라는 말 대신 "이 음식은 짜다"고 말해 버립니다. 아내는 아내의 입장에서 말하고, 남편은 남편의 입장에서 말하니 서로 "발산된 소리"를 한다는 것입니다.

예를 들어, 아내가 "짜다"고 하면, 남편은 "뭐가 짜? 너 입맛이나 제대로 알아야지"라고 합니다. 그러니 우리의 갈등은 이렇게 생깁니다. 남북 간의 갈등도, 한일 간의 갈등도, 지역 간의 갈등도, 진보와 보수 간의 갈등도, 부부 간의 갈등도, 부모 자식 간의 갈등도, 다 이렇게 생깁니다.

옛말에 "보기에는 내 말이 옳고, 저 말이 옳다"고 하지 않습니까? 동네 사람들끼리 모여서 이야기를 하면 자기들끼리만 옳다고 생각하는데, 더 넓은 범위에서 얘기하면 또 다를 수 있습니다.

자기 관점에서 벗어나 "서로 다르다"는 것을 인정해야 합니다. 서로 입맛이 다른 것을 인정하면 갈등 없이 조화를 이룰 수 있습니다. "색즉시공, 공즉시색"이라는 도리를 이해하면 이런 갈등을 줄일 수 있습니다.

이렇게 자기 관점을 내려놓으면 옳고 그름이 없어집니다. 서로 다른 것을 인정하고, 각자의 입맛을 맞춰갈 수 있게 됩니다.

죄라는 것도 마찬가지입니다. 본래 죄라는 것은 없지만, 인연을 따라 이름 붙여진 것입니다.

사람을 많이 죽인 살인자라도 당시의 왕은 벌을 주어야 해결된다고 생각했지만, 부처님은 그를 깨우침으로써 해결했습니다. 이는 어리석음에서 비롯된 것이지, 본질적으로 죄가 있어서 그런 것이 아닙니다.

그렇게 무지를 깨우쳐주면 끝입니다. 누구나 변할 수 있습니다. 부처님께서는 살인자를 대표적으로 교화하셨습니다.

깨달음을 얻은 사람은 삶과 죽음의 경계를 초월합니다. 그리고 과거를 받아들이는 사람의 입장에서도 이를 인정합니다.

그러니 우리가 나쁜 짓을 했다 하더라도, 어리석음에서 비롯된 죄라면 깨달을 기회를 주는 것이 중요합니다. 죽이지 말고, 깨달을 수 있도록 도와주는 것이 필요합니다.

일본 배우 레전드 순위

1위 카와키타 사이카

출생 1999년 4월 24일 (25세) 치바현
신체 169cm | AB형
B87(E컵) - W57- H86 (cm)
데뷔 2018년 4월 19일 SSNI-190

2018년 S1 전속으로 데뷔해 당시 최대 판매량을 기록한 어른 비디오 배우. 2021년 복귀.

1.누가 머래도 난 얘가 현세대 원탑이라 생각한다
2.goat 극락이다.
3.제 기준으로는 여신 .
4.진짜 걍 작품 재밌는거 단 하나도없는데 순수미모가 씹 GOAT긴 하다..
5.그냥 잘 팔리는수준이 아니라 지금 어른 비디오 업계 GOAT

청초한 외모의 큰 키, 슬렌더 체형. 어린 시절 집에서 연애를 금지했고 성교 자체를 좋아하지 않아 경험 인원수는 1명에 불과했다. 학창시절에는 농구 동아리 활동에 매진해서 교복을 입어본 경험이 많지 않다. 2018년 에스원 에서 데뷔했다. 소속사무소 크루즈 그룹 (Cruse Group). 미디어 노출 NG라서 샘플 동영상조차 올라오지 않았지만, 폭발적인 인기를 얻었다. 그 해 FANZA 비디 오 부문 연간 작품랭킹 1위를 차지했으며, 2019년 FANZA 어덜트 어워드에서 작품상 2관왕을 수상했다. 2019년 3월을 마지막으로 6편을 남긴 채 은퇴했다. 계약을 6개월 한정으로 체결했기 때문에 은퇴는 예정된 수순이었다. 하지만 엄청난 인기에 힘입어 2021년 복귀하였으며, 이전 작품들도 감독판으로 재발매됐다. 미디어 노출도 OK했으며, 전속 메이커인 에스원의 전격적인 지원을 받고 있다

三上悠亜　河北彩花

2위 타노 유

출생 2003년 12월 24일 (21세)
직업 여대생, 그라비아 아이돌 → 어른 비디오 여배우
신체 158cm
L cup, 110-56-89(cm)
데뷔 SONE-221
신인 NO.1STYLE 타노 유 어른 비디오 데뷔
2024.06.11.

2024 데뷔 L컵 신인 여배우

　본인 주장으로는 초등학교 4학년에 이미 스포츠 브라를 졸업할 정
도로 가슴이 컸으며, 초등학교 6학년 때 C까지 커졌다고 한다. 중학
교 3학년 때는 확 성장해 H컵까지 커지게 되었고, 성인이 되어보니
어느 순간 L컵까지 성장했다고 한다. 큰 가슴 덕에 중학생 시절에는
매일같이 고백을 받았다고 하며 하루에 두 번 고백을 받은 적도 있었
다고 한다. 학창시절 매일같이 고백 받던 최고의 아이돌이자 교내 모
두의 첫사랑의 성인된 후 첫 소식이 어른 비디오 월간 판매량 1위
　그라비아 아이돌로 데뷔한 지 몇 개월 후, 어른 비디오 출연하는
것을 전격 발표한다. 이 뉴스는 그라비아계 & 어른 비디오 계에 충격

을 주었는데, 누드 그라비아를 지나치고 바로 어른 비디오 데뷔할 거
라곤 상상 못했다고 한다.
　그라비아로 그녀의 팬이 된 사람들은 "그 타노 쨩이?" 란 반응을
보이며 놀랐지만, 어른 비디오 를 좋아하는 팬의 사람은 "에스원으로
부터 데뷔는 대단하다!"라고 기뻐해 주었다고 한다.

1. 헉 그라비아 찍던 모델인데 어른 비디오 로 넘어왔네..
가슴 진짜 최고로 이쁘고 얼굴도 이쁨.. 예고편만 봤는데
도 카구라 모모카 이후로 너무 기대된다
2. 그라비아에서 되게 유명한 애였는데 데뷔하네 ㅋㅋㅋ
땡큐지
3. 옷입었을 때랑 갭차이 ㅈ됨
4. 너무 좋은데요...? 내 기준 올해 원탑... 보자마자 별로
시더라도 스킵하지 마시고 마지막씬은 꼭 보시길... 행복
하세요 ~
5. 와 눈웃음 졸귀탱 근데 무슨 핵폭탄을 달고다니노 그냥
넌 올라가라

3위 이시카와 미오

출생 2002년 3월 20일 (22세)
신체 158cm B82(B컵) - W58 - H86 (cm)
데뷔 2021년 10월 5일 MIDE-974

절세의 미모로 2021년을 초토화시킨
2002년생 대형 신인

평범한 여대생 컨셉으로 데뷔했으나 전혀 평범하지 않게 데뷔작부터 FANZA 동영상 플로어 랭킹 1위를 한달간 기록했다. 오랜만에 핫한 신인으로 큰 주목을 받은 것은 물론, 너무 이뻐서 촬영 감독과 음향 감독이 묵음해야 하는 촬영 중에 실수로 이쁘다는 말을 해버린 일화를 시미켄이 소개한 바도 있다. 가슴은 작은 편이지만 골반이나 엉덩이 등 전체적인 몸매 라인과 핑ㄷ, 핑ㅂ, 피부결이 호평이며 시미켄 왈 대단한 명기까지 가졌다고. 요즘 일본 소녀들답게 온통 한국 관련한 것들이 일상에 녹아 있다. 인스타 팔로잉은 한국 배우와 가수들로 꽉 차 있고 한국 화장품, 한국 음식 얘기들은 그녀의 SNS에 빠지지 않는다. 최애는 여자친구(비비지)의 은하. 어렸을 때 나쁜 짓을 하면 엉덩이 체벌을 빨개질 때까지 맞았다고 한다.

첫 경험은 고등학교 1학년 15살 때. 학창 시절 고백을 한 적이 없다, 인기가 있는 것도 아니고, 「제대로 좋아하는 사람과는 사귈 수 있을까?」라고 당시의 연애 상황을 설명하고 있다. 처음으로 만났던 남자친구는 최악이었지만 육체적으로는 괜찮았다고 한다. 자정에 집에 찾아오는 등 성욕이 너무 강해서 일주일에 다섯 번씩 관계를 가졌다고 한다. 공원이나 노래방 등 둘이 있을 수 있는 공간이면 어디서나 관계를 하다가 남자친구의 성욕과 집착이 너무 심해서 결국 헤어졌고, 두 번째 만난 남자친구는 집에서 아마추어 야동을 찍는 변태였다고 한다.

어른 비디오 를 거의 본 적은 없었지만 성관계 하는 것을 좋아했다. 이유는 그냥 기분이 좋아서, 그리고 스트레스 해소였다. 데뷔 동기는 혼자 살고 싶었고 프로의 기술을 경험해 보고 싶었던 것. 1대1로 진심으로 마주하는 모습에 감명을 느꼈기 때문이다. 개인적으로는 정상위, 후배위, 가끔 기승위 정도였기 때문에 어른 비디오 에서의 다양한 체위에 놀랐고 또 개인적으로 관계 중 말하지 않기 때문에 행위 중에도 대화를 하는 어른 비디오 촬영이 굉장히 신기했다고 한다.

예쁜 ㅅ기로 유명하다. 모자이크 처리가 되어 있어 진짜 모양은 추측만 가능하나, 이렇게 검열을 해도 실루엣과 색깔이 드러난다. 시미켄이 「밀착계열 흡입 해버리는 명기」를 가졌다고 공식 인정. 그리고 시미켄의 증언에 따르면 촬영중에는 촬영 감독이나 음향 감독은 말을 하면 안 되지만 무의식적으로 「너무 너무 예쁘다!」라고 말을 해버렸다고 한다.

1.그대는 여신입니다 하나뿐인 여신 다시는 그대와 같은 여신 없을 테니~ 현실에 있는 예쁜 스타일 ㅋㅋ100년에 한번 나올까 말까 한 배우. 데뷔 해줘서 고마워.
2.솔직히 연기 못하는데 얼굴이랑 표정이 내취향임 그렇다고 목석연기도 아니고 좋긴한데 연기만 어찌 더 잘하면 안될까 ㅠㅠ
3.국가권력급.
4.여자의 깨끗하고 흰 피부가 얼마나 매력적인지 대표적으로보여주는배우다ㅋㅋ입술 앞ㄱ멍 뒷ㄱ멍 모든 ㄱ멍이다 이쁘네
5.실물 레전드. 영상보다 실물이 넘사벽입니다 몸매,피부,얼굴 한국 자주 놀러와주면 좋겠네요 ㅎㅎ

판춘문예 레전드

재업, 추가)
제 친오빠와 같이
살고 싶어하는
사촌여동생,
진짜 제가
이상한 건가요?

우선 불쾌하게 받아들이셨다면 정말 죄송합니다 글이 내가 쓴 글 보기나 검색하지 않으면 뜨지 않게 돼서 욕먹을 거 각오하고 재업합니다

진짜로 제겐 앞으로의 미래가 달린 일입니다 주작이라고만 하지 마시고 부디 한번만 같은 어른으로서 생각해주세요

저는 26살 직딩이고 29살인 제 친오빠와 단둘이 살아요
오빠가 취업해서 자취한다 했을때 저도 대학교와 집의 거리가 멀어서 오빠에게 부탁해서 같이 집을 알아보고 투룸에서 살기 시작했어요

오빠는 저한테 용돈도 주고 휴대폰도 바꿔주고 장보거나 제가 사고 싶은 거 있을 때 쓰라고 카드도 줬고 요리도 잘해서 직장을 다니면서도 아침저녁 잘 챙겨줬고 저는 설거지나 청소 등 집안일을 하면서 같이 살아왔어요

그 덕에 작년에 취업할 수 있었고 지금도 오빠에겐 감사하면서 오빠 삶에 방해되지 않게 노력하고 있어요

그런 저희에겐 사촌동생이 있어요 현재 19살 고3이고 태어났을 때

부터 계속 봐왔던지라 오빠가 정말 예뻐하죠 제가 질투가 날 정도로요

이번 설에도 오빠가 침대에 누워서 폰하고 있으면 오빠 뭐해? 하면서 오빠 배랑 가슴에 머리베고 누워서 같이 폰하면서 이야기하고 장난치다가 그대로 자더라고요

저도 어렸을 땐 그런 짓 많이 했지만 이젠 나이가 있어서 못하는데 그걸 그 애가 하니까 제 위치가 위협받는다고 생각들어서 좀 씁쓸하더라고요

그리고 어제 오빠가 해준 밥먹고 설거지하는데 오빠가 옆에 와서 이야기하더라고요 애가 이번에 모고를 잘봤다더라, 2등급이 많아서 이대로라면 서울에 있는 대학교 다닐 거 같다고요

112

그때는 별 생각없이 대단하다고만 생각했는데 오빠가 그러더라고요 애가 우리랑 같이 살고 싶어한다고

무슨 소리냐니까 이모랑 이모부도 애 혼자사는거 좀 불안해하시고 지금 다들 사정이 어려운데 도와줄 수 있으면 도와줘야하지 않겠냐

애 말로는 이모부가 매달 생활비도 보내주신다 하니까 애 대학 합격하면 같이 살 집 알아보자 하더라고요

저도 오빠덕에 부족한 거 없이 알바도 안하고 대학생활 했지만 그래도 좀 그렇더라고요

저희 오빠는 사람이 착해요 거절할 때는 확실히 거절하지만 자신이 좀 손해를 보더라도 남을 도울 수 있으면 돕는 그런 사람이에요

분명 그 애도 오빠랑 같이 살면 오빠에게 잔뜩 응석부리고 애교부리면서 오빠에게 의지하며 살 거예요
오빠는 최대한 애를 챙겨주기 위해 노력할 거고 애는 저처럼 아빠보다 오빠를 더 따르겠죠

이런 말하긴 그렇지만 그래서 불안해요
애가 오빠를 진심으로 좋아하게 되면 어쩌지? 오빠가 애한테 이상한 생각을 가지게 되면 어떡하지??

오빠한텐 10살이나 어린 여자애잖아요 여자인 제가 봐도 귀엽고 예쁘고요
저야 친동생이고 군대에 있을 때 빼고는 매일 붙어다녔지만 애는 1년에 2, 3번 만나던 사촌동생이잖아요
다르잖아요 친동생하고 사촌동생은

가끔보던 여자애랑 같이 살기 시작하면 아무리 가족이라도 오빠가 성욕이 생기지 않겠어요?
아니더라도 애가 얇은 복장으로 지금까지처럼 오빠를 껴안고 팔짱끼고 같이 지내면 오빠도 곤란해하겠죠 이상한 생각을 하는 것도 싫고요

전 제 오빠를 믿고 싶어요. 제가 세상에서 가장 믿는 사람이니까, 분명 애가 유혹해도 쉽게 넘어가지 않을 거예요.
하지만 같이 살다보면 언젠가 사고가 일어날 거 같아요

제가 그래서 오빠한테 아무리 그래도 여자애랑 같이 살다가 뭔 일 일어나면 어떡하려고 그러냐 친척들끼리 서로 얼굴 붉힐 일 있냐고 따졌어요

그러니까 너도 있는데 뭔 걱정이냐 그리고 내가 술먹고 애 건드리는 놈 같냐고, 항상 네가 술먹고 앵기는 것도 내가 떼서 방에 옮겨주는데 그럴 일 없다고 못을 박더라고요

봐봐요 저는 오빠보고 니가 술먹고 애를 덮칠 수도 있다는 식으로 이야기했는데도 화를 내긴 커녕 오히려 저를 달래주고 설득하려고 해요

그러면서 하는 말은 가관이더라고요

여자도 맛봤던 놈들이 더 찾는다 난 여태까지 여친도 없었고 한 적 없어서 여자 건드는 법도 모르는데 어떻게 애를 건드냐 이러더라고요

오빠에게는 저도 그 애도 똑같이 자기가 챙겨줘야하는 동생이겠죠 저도 그 애는 좋아해요 귀엽고 잘 따르고 착한 애에요

하지만 저는 지금의 삶이 좋아요
아침에 먼저 씻은 오빠가 절 깨우고 씻고 준비하면 오빠가 차려준 밥상이 있고

점심이나 퇴근 때 오빠랑 문자하거나 통화하면서 오늘은 뭐먹을래 뭐해줄까 뭐살까 이러면서 저는 집에 먼저 도착해 설거지나 청소빨래하고 오빠가 도착해서 맛있는 밥해주면 같이 티비보면서 먹고

주말에는 같이 영화도 보고 맛집도 찾아가고 데이트하고

이런 말하면 이상한거 알지만 단 둘의 시간에 다른 사람이 끼는게 내키지 않아요

오빠는 늘 이래요 자기가 좀 희생해서, 자신을 좀 깎아내려요
솔직히 여러분도 자기 남자가 그러면 짜증나잖아요 그래도 내 남자고 내 오빤데

그래서 화나서 설거지 끝나고 방에 들어가서 문을 닫았는데 1시간 있다가 오빠가 노크를 하더라고요
무시하려고 했는데 문앞에서 말하더라고요

내가 미안해 근데 나한테는 걔나 너나 똑같이 여동생이고 똑같이 소중한데 너는 같이 살고 걔는 혼자 살게 내버려두는 건 좀 아닌거 같다고....

내가 아무리 건들 여자가 없다고 설마 가족을 건드리겠냐.....아무리 애가 다 컸어도 우리가 기저귀도 갈아주고 씻겨주고 같이 자고 해서 나한테는 애기라고

저는 결혼하지 않을 거에요 쓰레기같던 전남친과 그 친구들 때문에
두번 다시 오빠 외의 남자는 만나고 싶지 않아요

오빠도 자기를 만나줄 여자는 없을 거라고 자기 입으로 그랬고 너 덕
분에 편하게 산다고 저보고 니가 좋은 남자 만나서 결혼할 때까지 같
이 있어줄 거라고 말한게 얼마 전인데

거기에 그 애가 껴서, 오빠랑 불미스러운 일이라도 생기면, 만약 그
애가 저처럼 앞으로도 오빠랑 같이 살고 싶어할까봐 그게 불안해요

제가 말없이 가만히 있자 오빠가 방문을 열고 들어왔어요 저는 저도
모르게 오빠를 노려봤고 오빠는 순간 쫄긴 했어도 제 옆에 앉더라고
요

자기는 잘못한게 없는데 또 절 달래주려고 하니까 화가 났어요 그래

서 오빠가 먼저 말하기 전에 말했죠

그럴거면 묶으라고
저도 왜 그런 말 했는지 모르겠어요 아마 오빠가 여자때문에 난
처해지는게 싫어서 그랬나봐요

오빠는 황당했을 거예요 그래선 뭘 묶냐고 무슨 소리를 하냐고
해서
오빠는 어차피 나처럼 비혼이고 애 안가질 거니까 이상한 여자
한테 엮이기 전에 묶으라고, 그러면 나도 안심하고 오빠말 듣겠
다고 했어요

그러니까 알겠다고 생각해본다고 하곤 자기 방으로 돌아갔어요

오빠한텐 미안하지만 저는 불안해요
7살이나 어린 사촌동생에게 질투나하고 그런 게 못난 짓인 건 알
아요 하지만 제가 이상한 건가요?
도저히 친구들에겐 털어놓을 수 없을 것 같아 여기다 물어봐요

긴 글 읽어줘서 감사해요 제발 조언 좀 부탁드릴게요 저는 어떻
게 해야하나요?

추가+

주작이라고 많이들 하셔서 좀 충격이네요 그만큼 믿기지 않으시는
건지 제가 비정상인 건지....

일단 저희 남매가 다른 남매들과 다른 건 어렸을 때부터 많이 느꼈어
요 서로 장난치고 삐지고는 해도 남들처럼 막 죽기살기로 싸운 적은
없으니까요

오빠를 역겹다거나 생각한 적도 없는 것 같아요 오빠가 팬티바람으
로 집에 있는것도 아니고 사춘기 온 이후로는 제 앞에서 옷을 벗거나
하지도 않아서 오빠 알몸 못 본 것도 15년? 다 돼가요ㅋㅋ

그리고 여자분들이라도 남자와 여자가 단둘이 있으면 당연히 걱정되
고 이상한 생각들지 않아요? 물론 제가 오바하는 걸 수도 있고 묶으
라고 막말한 것도 제 실수예요
하지만 그게 없는 일도 아니잖아요. 실수는 찰나에 일어나고 그 후유
증은 오래가죠

10살 이상 차이나면 아저씨로 보인다는데 여러분은 아저씨 옆에 누
워서 머리를 베고 잘 수 있으세요? 어렸을 때는 그랬겠지만 성인이
된 지금 전 저희 아빠랑도 그렇게 못할 거 같아요 물론 오빠랑도 창피
해서 못하고요

저도 이상한 생각 하는거 싫어요 하지만 이상한 일은 언제나 일어나
잖아요
저에게는 앞으로의 몇 년이 결정될 문제예요. 10년이 될 수도 있고요
더 될 수도 있어요
부디 한번만 같은 어른의 입장으로 진지하게 생각해주세요 부탁드릴
게요

베스트 댓글

○○
오빠 성욕 걱정할때가 아닌것 같은데? 니 정신상태부터 점검해봐 친
오빠를 이성으로 보고있는건 너야.. 너 혼자뿐이야.추천278반대1

○○
오빠성욕이 아니라 본인성욕을 걱정해야 할듯.. 추천191반대0

참
오빠랑 같이 살면 안될사람은 글쓴이인데? 심각하네. 오빠 결혼하면
백퍼 글쓴이때문에 이혼이다

사라

내가 이성적으로 이 글 2가지 다 봤는데. 이건 쓰니가 오빠를 가족에서의 오빠가 아니라아빠보다 더 한 존재로 여겨서 그런거 같음. 이건 단순한 성욕 문제가 아님글을 보면 성욕이 아니라 소유욕. 내가 좀 더 편하게 살 수 있고 나를 잘 알고 나를 잘 챙겨주는 존재가 이성이고 사촌여동생은 사촌이 아니라 그냥 내 평안한 삶을 방해할 수 있는 존재로 보는거임. 이건 그 어릴때부터 분명 집안에서 학대라던지 특히 엄마랑 아빠랑 글쓴이를 제대로 못 돌보 그 결핍에서 비롯되었을 같음. 진짜로 성욕이 아니라 내 사람이고 내 남자라고 여기는 거 같음. 오빠랑 관계하고 싶은게 아니라 다른 사람이랑은 할수 있다고 생각하는거지. 암튼 병원가서 치료는 받아야 될 거 같음. 가야돼 병원. 존재정립부터 다시 해야함. 그리고 왜 엄마얘긴 한번도 안나올까 난 그 부분도 눈여겨 봐야한다고 생각함. 그냥 이성적으로 보면 이건 단순히 이상한게 아님. 형제자매 있는 사람들은 야 말도 안된다 하는데 저런 남매 있을 순 있어 근데 쓰니 생각은 분명 잘못된 양육과정에서 나온 그릇된 인식이 있는 거같음.

○○
모바일로 남긴 댓글 어느 포인트를 노렸는지 보이는 주작글이넹

○○
모바일로 남긴 댓글 님아 주작글 그 자체이지만 백보 양보해서 진실이어도 정신병원가세요 그리고 주작글이어도 정신병원 GO임 발상이 넘 더러워서 진심... 병원 가란 말외엔 할 말이 없네

○○
모바일로 남긴 댓글 ㅋ아니 어떤 여동생이 지 친오빠한테 내남자 운운을 하며 염병을 떨고 어떤 오빠가 친여동생한테 여자도 맛본 놈 어쩌구 염병할 소리를 하며 묶어라어쩌라 생각해본다 하는 대화를 함 남성향 소설 좀 작작 읽으세요...

남자○○
모바일로 남긴 댓글 이건 주작맞음 근데 현실에서 저정도는 아니여도 비슷한 경우있음 내 친구가 공단 생산직인데 20살때부터 몸 갈아넣어서 돈벌며 가장노릇하는 놈이라 걔 여동생이 여친생길때마다 어떤여자인지 결혼할지 ㅈㄴ 물어보더라 근데 그건 경제적인 이유로 가장노릇하는 오빠니까 불안해서 그런거고 이건 걍 주작맞음 누가 남매끼리 성욕을 느끼고 사촌이랑 저렇게 살갑게 지냄?? 특히 친해질수록 더 어렵게 친척들이구만

알아두면 쓸모있는 신비한 잡학사전

비행기에서 바다로 다이빙하면 살 수 있을까?

물리학으로 알아보는 극한의 다이빙

높은 곳에서 물로 뛰어드는 그 짜릿한 순간, 보기만 해도 심장이 쫄깃해지는 그 장면 말이다. 영화에선 멋있게 보이지만 실제론 물리학의 냉혹한 법칙이 기다리고 있다. 이 '극한 다이빙'의 세계, 과연 어디까지가 스릴이고 어디부터가 자살 행위인지 파헤쳐보자.

초속 20m, 바로 이게 목숨줄이다. 과학자들이 말하는 위험의 경계선으로, 시속으로 따지면 무려 72km다. 자동차로 치면 도심 과속 수준인데, 네 몸이 그 속도로 물과 충돌한다고 생각해봐라. 이 속도에 도달하는 높이가 고작 20-30m라니. 아파트 7-10층 정도랄까. 일반인들은 이 정도만 뛰어내려도 '안녕 내 몸'이다.

세계 기록은 무려 50m에 달한다니 놀랍지 않은가? 하지만 이건 '전문 미친사람들'의 영역이다. 일반인이 따라 했다간 119 출동 각이다. 특히 '배치기'는 10m에서도 내장이 파열될 수 있다. 그러니 SNS에서 본 다이빙 영상 따라하기? 제발 그러지 말자. 물리학은 절대 속이지 않으니까.

물리학이 알려주는 생존의 비밀

더 안전하게 다이빙하고 싶다고? 핵심은 '충격 시간 늘리기'다. 물리학 시간에 졸지 않았다면 기억할 거다. F×t=m×v, 충격량 공식이 바로 그것. 같은 충격량이라도 시간을 늘리면 힘이 분산된다는 얘기다. 최고의 자세는 두말할 것 없이 발부터 수직 입수. 발이 머리보다 면적이 작아 물의 저항을 덜 받으니까. 아직도 머리부터 다이빙하는 친구들, 뇌가 소중하다면 그러지 말자.

더 높으면 더 빨라질 거 같지? 천만에. 아무리 높은 곳에서 떨어져도 속도에는 한계가 있다. 이게 바로 '종단속도'라는 놈이다. 인간은 초속 50m(시속 180km) 이상은 안 된다. 그것도 500m 높이에 도달해야 나오는 속도다. 그 이상은 아무리 떨어져도 속도가 더 안 올라간다. 중력이 아무리 당겨도 공기 저항이 발목을 잡는 셈이지.

그렇다면 비행기에서 물로 뛰어내릴 수 있냐고? 답은 '불가능에 가깝다'. 비행기는 500m를 훌쩍 넘는 고도로 날아다니니 낙하 중 종단속도에 도달한다. 이건 위험 속도의 2.5배나 되는 무시무시한 수준. 완벽한 자세? 그런 거 소용없다. 그 속도로 물과 충돌하면 그냥 콘크리트에 부딪히는 거랑 다를 바 없다.

헬멧? 특수장비? 다 소용없다. 특수 장비 착용하면 어떨까 싶겠지? 그것도 헛된 희망이다. 문제는 전신에 가해지는 엄청난 충격이라 머리나 발만 보호한다고 해결될 일이 아니다. 슈퍼맨 슈트라도 입지 않는 이상 무리다.

높이만 문제가 아니다. 인간이 안전하게 잠수할 수 있는 깊이는 고작 30m 미만. 갑작스러운 압력 변화는 잠수병을 일으켜 목숨을 위협한다. 일반인은 10m 이상 들어가면 그냥 도박이다.

결론? 극한의 다이빙은 전문가들도 벌벌 떠는 영역이다. SNS에서 본 화려한 영상에 현혹되지 말고 안전한 높이에서만 즐기자. 물리학 법칙은 인플루언서도 무시 못한다. 과학을 무시하면 과학이 너를 무시한다.

수감자와
사랑에 빠져서
결혼한 변호사

그 주인공은
나는 솔로 22기에 참가한
정숙(1980년생)

그녀의 서글서글한 외모 뒤에 숨겨진 11년차 변호사 경력이 드러났다. 이게 다가 아니다. '돌돌싱'이라는 타이틀까지 달고 있다니. 첫 결혼은 겨우 2년 만에 협의이혼으로 마무리했다고.

수감 중인 의뢰인과 사랑에 빠진 변호사라니, 영화 같은 설정 아닌가. 한 변호사는 "특이 케이스지만 개인의 자유"라며 "상처와 아픔을 공개적으로 드러낸 용기가 대단하다"고 평했다. 방송에 따르면 수감 기간엔 '좋아하기'만 했고 출소 후에야 본격 연애 모드로 돌입했다고.

또 다른 법조계 인사는 "출소 후 3년간 누범 기간인데, 안정적인 법률 상담은 가능하겠네"라는 냉소적 평가를 내놓기도 했다.

정숙은 "혼인신고를 강력히 원하는 출소자의 권유로 도장을 찍었지만 현실은 영화 같지 않더라"며 쓴웃음을 지었다. 그녀의 고백에 따르면 "외모만 보고 남자를 고르다 보니 당한 것도 많았다"고. 의존도 높은 남자들만 만나 고생했던 그녀, 이제는 "이성적으로 보이는 외모에 자기 밥벌이는 할 수 있는" 현실적 이상형을 찾는 중이란다. 사랑도 이제 현타가 온 모양새다.

변호사에게
물어봤다

법조계에서 의뢰인과 변호사의 로맨스가 흔한지 물었더니 한 변호사의 답변이 재밌다. "한 번도 본 적 없습니다"라고 딱 잘라 말한 그는 "그냥 의뢰인 중에 괜찮은 사람, 예쁘다거나 잘생겼다는 얘기는 들어봤지만 실제 사례는 전무하다"고 잘라 말했다. 희귀종 커플이 탄생한 셈이다.

변호사법 위반 여부에 대해선 "사랑이 죄는 아니죠. 거기까지 국가가 간섭하면 너무 심한 거 아닐까요?"라며 선을 그었다. 그는 "다시 봐도 용기 있는 행동"이라며 엄지를 치켜세웠다.

이런 특이한 이력을 굳이
공개하는 이유는 뭘까?

이 변호사의 분석이 날카롭다. "이혼전문 변호사라면 이혼을 두 번이나 해봤다는 점이 오히려 신뢰를 줄 수 있다"는 것. 실전 경험자라는 거다. 거기에 "수감자와 결혼한 케이스는 극히 드문 케이스라 홍보 효과도 만점"이라고 평했다. 역경 마케팅의 정석이랄까.

외국의 경우는?

범죄자와 사랑에 빠진 여변호사의 황당한 실화. 에이미 맥티어 (39)는 마약 거래로 9년형을 살고 있던 로이 쿠이켄달(35)을 변호하다 완전히 홀딱 빠져버렸다. 둘은 감옥에서 연애편지를 주고 받으며 사랑을 키웠고, 결혼을 약속하기에 이르렀다. 문제는 그 다음이었다.

맥티어는 결혼식 이틀 전, 남자친구의 탈옥을 돕고 자기 차에 태워 함께 튀었다. 로맨틱한 도주극을 꿈꿨겠지만 현실은 씁쓸했다. 도망친 지 하루 만에 오클라호마의 한 식당에서 경찰에 덜미를 잡혔다. 이 모든 사태의 결정타는 맥티어의 남동생이 경찰에 신고한 것이었다니, 가족 모임이 좀 어색해지겠다.

처음엔 "탈옥인 줄 몰랐다"며 발뺌했던 맥티어지만, 집에서 발견된 죄수복과 페이스북에 올린 탈옥 사진(!)이 결정타였다. 변호사가 이런 결정적 증거를 남겼다니, 법대 학비가 아깝다.

그래도 사랑의 힘은 대단했다. 체포된 후에도 "결혼만 허락해달라"고 법원에 애원했고, 법원은 의외로 결혼증명서를 발급해주는 선처를 베풀었다. 하지만 쿠이켄달은 추가 7년형, 맥티어는 변호사 자격 박탈과 함께 교도소행이 유력하다. 결혼은 했지만 신혼여행은 각자의 교도소에서 보내게 생겼다. 사랑의 도피극은 이렇게 하는 거 아니여.

Clear

Brown

Gray

Bright Black

이 곳에서 허용된
단 하나의 패션 용품

이제 관에서 해주는
허접하고 비싼 안경테 XXX

연예인 안경,
로렌스폴st 톰브라운st
크롬하츠st 젠틀몬스터st
린드버그st 블루엘리펀트st

<< 모두 5만 >>
<< 모두 5만 >>
<< 모두 5만 >>

*주문방법
원하는 안경 키워드 동봉
ex) 류승범st 안경, 검정색, 뿔테,
아님 잡지 찢어서 동봉

*안경테만 주문가능
*도수가 필요하면 관에 안경보고전 신청
*비슷한 스타일 안경테
*해외 직구로 배송기간 일주일 정도 여유 필요

주소,연락처 맨뒤 페이지 참조

The curved non-slip mirror leg does
notpress the ear and does not pinch the face

요즘
AI 유튜브
발전 수준
리뷰

출처 : AI 유튜브

홈　동영상　Shorts　재생목록　커뮤니티　🔍

최신순　인기순　날짜순

APT. KP
조회수 734만회 • 13일 전

Bling-Bang-Bang-Born - Creepy Fats KP
조회수 463만회 • 8개월 전

(독재자)아이들 - 킹카 | 원곡 : (여자)아이들 - 퀸카 (Queencard)
조회수 363만회 • 1년 전

[MV] (돼)지(옥)수 - 꼽 l 원곡 : 지수 - 꽃
조회수 246만회 • 1년 전

비비(만) - 평양갱 KP / 원곡 : 비비 - 밤양갱(Bam Yang Gang)
조회수 216만회 • 8개월 전

Magnetic - 통일릿 (원곡 : 아일릿)
조회수 209만회 • 6개월 전

김정은 - 미룬이
조회수 200만회 • 3개월 전

아이북 - I CBM / (원곡 : 아이브 - I AM)
조회수 181만회 • 1년 전

여행 이야기

라오스 여행
와보고 느낀 점
(익명의 여행자가 쓴 글)

1. 한국인 인기많네
체감된다. 태국,베트남도 나쁘진않은데
인식상 태국은 일본>한국이고
베트남은 ㄹㅇ한국좋아한다
근데 라오스는 더한듯.
네팔.라오스는 ㄹㅇ 한국좋아하더라
("까오리"한국인데 전라호감표시함) 확 체감 됨
평균키 평균이상외모면 여기서 알파메일쌉가능각

2. 여자들 이쁜애들많음
10대20대들이 좀 이쁘다. 태국보다
이쁘고(태국은 스펙트럼이ㅈ나넓음)
베트남은 거의중국삘인데
라오스는 2~30%정도가 중국삘or 한국인삘남
희안하게 중국삘 안나는 한국인삘여자많음
(물론 태국 인도 캄보디아삘이 태반이긴함)

약간 요런삘인데
더 한국적으로생겼고. 일단 피부가 졸라하얗다.

3. 얼굴개하얗다
여자들30%정도는 창백할정도로하얀애들이많다
베트남 태국하고 뭔가 인종적으로다르다

4. 어리다
16살~~18살되면 결혼한댄다
24이면 노처녀라네

5. 키가 졸라 작음
키150정도되는 애들 많음
170은거의없고 160정도도 큰키임.
근데 그게 익숙해지니까 걍 단점같아보이진않고 그나름 적응됨.
우선다니면 눈높이가 전라편하다 ㅋㅋㅋ

6. 물가가 허벌나게 싸다
시장가서 돼지고기
1만원치사면 절대혼자다못먹음
사과 1kg 3000원
망고 1kg(4~5개) 2000원

7. 영어 ㅈㄴ못함. 교육열 ㅎㅌㅊ나라인게 체감됨
기본적인영어 how much?얼마 how old? 나이가?
I like it. 이런거조차 모르는애들이 대부분
영어 안통하니 개답답

여튼 지구에서 몇안남은 순수한나라인거같다
사람들성향이란게있는데 다녀본나라들중에
네팔.라오스>일본>>>기타>>>인도.중국
이런순으로 국민성이 선량함. #

2022.11.24 목요일

돈 찾으러 가는 길에

필리핀 길에서
꽃을 파는 여학생
남은 꽃 다 사서
퇴근시키기
youtube 리뷰

몇살이야?

길에 여기 학생이

8학년이요

꽃을 팔고 있더라구요

꽃은 왜 파는거야?

이꽃 이름이 뭐야?

음식 사려구요

까미야

너희 부모님은?

(갑자기 말을 거는 누군가)

-이제 어디 가요?

당신에게 아내가 있습니까?

아이스크림 먹으러 가는데 너도 먹을래?

베트남에서
길을 걷다보면
생기는일
youtube 리뷰

이렇게 합체(?)가 되네요

누가 가장 예쁜가?

제니는 어떤 남자 좋아해요?

(인생 최대의 난제)

-니가 좋다고 하라고!

NOOO

(할 말이 있다는 제니)

근데 우리 다 못 믿겠어요

제 나이?

저희가 맞혀볼게요

레온이..
와이프가 없다는거

스물..다섯

택시를 잡아드려야겠다

서른넷

징역 드라마

MBC 드라마
장르 120부작 복수, 로맨스, 코미디

등장인물

피선주

미대 졸업 후 인테리어 디자이너란 이름의 현장 노가
다꾼으로 활약 중인 선주. 시멘트 바닥에서 인부들과
백반 뚝딱하며 남편 뒷바라지로 건축사에 해외 석사
까지 만들어냈건만, 그 남편놈은 고교 동창 진상아와
바람을 피우는 배은망덕을 저질렀다. 이혼 후 딸 지현
이 데리고 친정행을 택했지만, "거봐라 내 뭐랬니" 잔
소리와 등짝 스매싱으로 환영받는 신세. 죽 쒀서 개 주
고 돌아온 통한의 현장, 그러나 정작 가장 속이 쓰린
건 선주 본인인데 티도 못 내는 게 인생의 아이러니.

김소우

해외연수 다녀온 아내의 "다른 남자가 좋아졌어요"
폭탄선언에 이혼한 <진건축> 팀장. 우연히 만난 이혼
녀는 놀랍게도 아내의 불륜남 전처이자 자신이 산 집
매도자의 딸. 그녀를 자신의 회사에 취직시키며 새 관
계를 시작하려는 찰나, 시들해진 불륜에 지친 전처가
복귀를 선언한다.

진상아

착한 남편 소우는 지루하고, 애인 남진은 야생의 맛이
라 좋았던 상아, 그런데 남진이 고교 라이벌 선주의 남
편이란 사실에 더 뺏고 싶어진다. 고교 시절 배경도 실
력도 없는 선주가 모든 미술대회를 휩쓸고 사람들의
사랑을 독차지하는 모습에 속이 뒤틀렸던 기억. 이혼
후 자신이 버린 소우가 하필 선주와 새 인연을 맺는 모
습을 보며 참을 수 없는 질투심에 사로잡힌다.

전남진

아내 선주의 헌신적 뒷바라지로 건축사 자격증 따고
유학까지 다녀온 남진, 그러나 귀국길엔 유학 중 만난
상아와 함께였다. 진건축의 상속자 상아와 사랑에 빠
져 선주를 버리고 회사 후계자 자리를 노리는 계산된
배신을 저지른다. 상아의 전 남편과 자신의 전 부인 선
주까지 모두 같은 회사에 모이는 우스꽝스러운 상황
에서도 낯 하나 안 붉히는 뻔뻔함의 소유자.

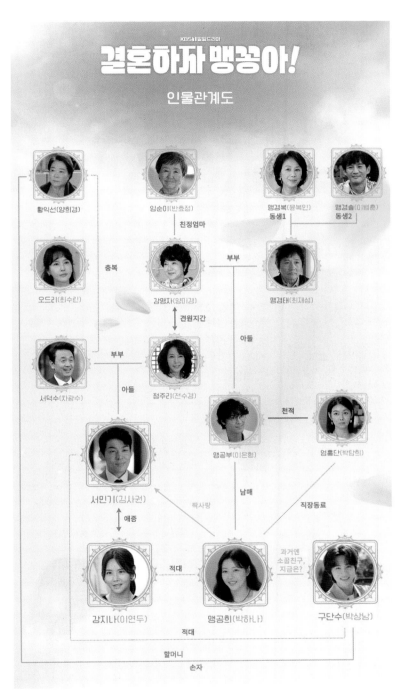

KBS1월화드라마
결혼하자 맹꽁아!
인물관계도

황익선(양희경)

임순이(반효정)
친정엄마

맹경복(문복인) 동생1 **맹경솔(이범춘)** 동생2

충복

오드리(최수리)

강영자(양미경)
부부

맹경태(최재성)

견원지간

부부

서덕수(차광수)
아들

점주리(전수경)
아들

맹공부(이은형)
천적
엄홀단(박탐희)

서민기(김사권)
애증

남매

직장동료

강지나(이연두)
적대

짝사랑

맹공희(박하나)
적대

과거엔 소꿉친구, 지금은?

구단수(박상남)

할머니
손자

KBS1 드라마
장르 120부작 드라마, 로맨스, 코미디

등장인물

맹공희
강명자와 맹경태의 딸로 제이그룹 계약직 디자이너로 일하는 그녀. 강인한 기세의 엄마와 전직 형사 아빠의 유전자를 완벽히 물려받은 진정한 서바이벌리스트. 무인도에 떨어뜨려놓아도 이틀 만에 원주민 추장 자리 꿰차고 있을 근성의 소유자. 요즘 시대에 보기 드문 멸종 위기종 '맹꽁이'급 야생녀로, 귀여운 외모 뒤에 숨겨진 생존 본능은 그 어떤 정글보다 치열한 직장 세계에서 그녀의 최대 무기.

구단수
제이스그룹 황익선 회장의 손자로 천진한 웃음과 장난기 가득한 태도가 특징이지만, 그 뒤엔 상처가 있다. 재벌가와 가난한 집안의 결합을 반대한 할머니 때문에 시골에 숨어 살았지만, 소꿉친구 공희 덕에 행복했던 어린 시절. 그러나 어느 날 엄마의 갑작스러운 가출로 모든 것이 달라졌고, 그의 웃음은 아픔을 감추는 가면이 되었다.

서민기
제이스패션 마케팅팀 팀장. 서덕수와 정주리의 아들. 원하는 것을 끝까지 해내는 근성을 가진 남자다. 그러나 그 밑엔 열등감과 끊임없는 자기부정이 있다. 진심으로 사랑한 여자 지나가 프로포즈를 거절하고, 구단수와 맞선을 봤다는 이야기를 들었을 때, 민기의 세상은 뒤집혔다. 단수 대신 최고의 자리까지 오르겠다는 욕심을 갖게 된다.

강지나
외식업계 1위 도도그룹 외동딸로 제이스패션 디자인팀 팀장까지 오른 실력파 금수저. 화려한 배경과 뛰어난 디자인 감각으로 인정받지만, 그녀의 진짜 관심은 입사 동기 민기에게 있다. 패션 트렌드는 완벽하게 읽어내면서도 사랑에선 첫눈에 반한 한 남자만 바라보는 순정파.

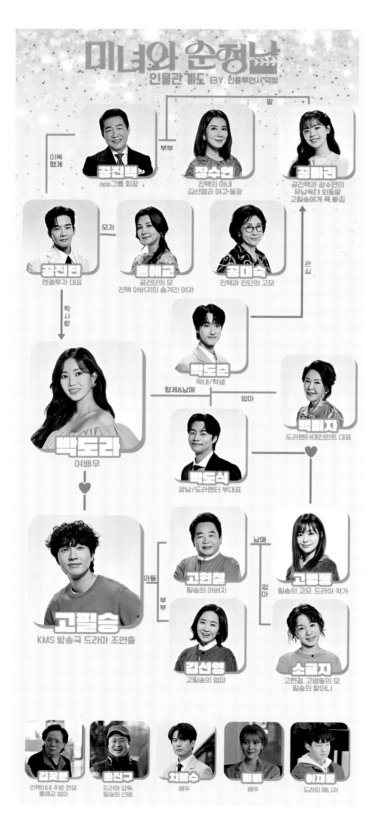

미녀와 순정남 인물관계도 BY. 인물투언서 떡빛

수금 드라마

하루아침에 밑바닥으로 추락하게 된 톱배우와 그녀를 사랑하고 다시 일으켜 세우는 초짜 드라마 PD의 산전수전 공중전 인생 역전을 그린 파란만장한 로맨스 성장 드라마

장르 50부작 로맨틱 코미디, 가족, 드라마

등장인물

박도라
"가난에서 벗어나려면 톱배우가 되어라"는 엄마의 강요로 연기를 시작했지만, 각고의 노력 끝에 진짜 꿈을 찾아 정상에 오른 밝고 씩씩한 배우. 드디어 성공의 달콤함을 맛보려는 순간, 딸의 성공을 자신의 것처럼 여기는 엄마 백미자가 끊임없이 문제를 일으킨다. 화려한 스포트라이트 뒤에 숨겨진 모성애의 그늘과 자신만의 길을 찾기 위한 고군분투가 시작된다.

고필승
대감독의 꿈을 품고 KMS 방송국에서 드라마 조연출로 뛰고 있는 열정 가득한 신참. 혈기 왕성하고 다부진 성격에 필요할 땐 철판 깔고 아부도 척척, 오직 '일'을 위해서라면 뭐든 해내는 생존형 인재. 이번에도 <직진멜로> 미니시리즈에 긴급 투입되어 자신의 꿈을 향한 또 하나의 발걸음을 내딛는다.

백미자
박도식, 박도라, 박도준의 엄마이자 일찍 남편을 잃은 과부로, 도라엔터테인먼트의 카리스마 넘치는 대표. 홀로 세 자녀를 키우며 연예기획사까지 일군 철의 여인

박도식
백미자의 장남이자 박도준의 형으로, 도라엔터테인먼트에서 부대표로 실질적인 경영을 담당하는 숨은 실세. 뛰어난 비즈니스 감각을 갖췄지만 강한 어머니와 주목받는 동생 사이에서 늘 그림자처럼 존재하는 복잡한 내면의 소유자. 연예계의 화려함 뒤 냉혹한 비즈니스를 관장하며, 가족 기업의 안정을 위해 자신의 감정은 늘 뒤로 미뤄두는 희생적 인물.

화목 드라마

어느 날 갑자기 노년 타임에 갇혀버린 취준생과 낮과 밤 올 타임 그녀에게 휘말린 능력캐 검사의 기상천외한 인턴십 X 앙큼달콤 로맨틱 코미디 드라마

장르 16부작 로맨틱 코미디, 판타지, 범죄, 스릴러, 미스터리, 오피스

등장인물

임순 / 이미진

중반부터 이미진이 낮에 변하는 임순이 진짜 미진의 이모인 임순의 모습이라는 떡밥이 나왔었다. 하지만 끝까지 그 떡밥이 맞는지 안 맞는지는 나오지 않았다. 그리고 어렸을 적에 임순이 이건 이모가 아니라 엄마 아닌가 할 정도로 미진과 추억이 많았고 백철규가 어린 시절 이미진과 임순을 보고 "이모와 조카가 많이 닮았네 모녀사이인 줄 알겠어"라고 하다보니 혹시 미진의 출생의 비밀이 있는 것처럼 보였다.하지만 끝까지 출생의 비밀 떡밥은 나오지 않았고 임순은 그냥 조카와 잘 놀아주는 이모였던 걸로 끝났다.

계지웅

보통의 남자주인공이 적어도 극의 중반부터는 여주인공의 비밀을 캐치하는데에 반해 여기서 이 남자주인공은 진짜 극이 끝날 때인 15회에서야 그 비밀을 알아챘다. 그리고 사실 드라마의 특성상 남주인공이 중반부터는 여주인공의 비밀을 알아채고 늙은 임순과 젊은 이미진 둘다 사귀면서 그 안에 재밌는 에피소드를 녹여낼 줄 알았지만 정체를 안 이후부터는 임순을 한번도 만나지를 못했다.

고원

계지웅과 정반대로 이미진이 아닌 임순을 좋아했던 캐릭터다. 본인을 구해주고 따뜻한 말을 해주는 임순에게 반했고 그래서 몰래 스토킹까지 한다.그러다가 임순의 비밀을 알게 되었고 미진을 지켜주는 인물인데, 사실 이 인물은 임순이란 사람이 비밀이 없던 인물이었으면 상당히 이상한 캐릭터였을 것이다. 거의 60에 가까운 임순을 좋아해서 스토킹까지 하는 20대 청년이 될 뻔하였다. 어떻게 보면 오히려 임순이 알고보니 젊은 사람이여서 이 인물은 안도 했을지도 모른다.

탁천희

계지웅 검사와 대학 동문이자 로스쿨 출신 검사. 매번 계검보다 뒤처졌다.대학도 재수했고, 사시도 1차 탈락, 잽싸게 로스쿨로 선회, 아빠 로펌회사에 들어가 경력 쌓은 뒤 경력변호사 검사로 겨우 검찰청에 입성했지만,시작이 지청이었다.스펙은 빵빵한데 능력이 빈약한 탓에 자격지심이 팽팽하다.

문화 속의 발 숭배 : 현상학적 고찰

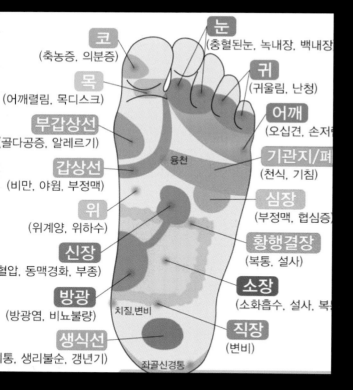

발가락 그림 내의 라벨:

코
(축농증, 의분증)

눈
(충혈된눈, 녹내장, 백내장)

목
(어깨결림, 목디스크)

귀
(귀울림, 난청)

부갑상선
(골다공증, 알레르기)

어깨
(오십견, 손저림)

융천

갑상선
(비만, 야윔, 부정맥)

기관지/폐
(천식, 기침)

위
(위계양, 위하수)

심장
(부정맥, 협심증)

신장
(혈압, 동맥경화, 부종)

황행결장
(복통, 설사)

방광
(방광염, 비뇨불량)

치질,변비

소장
(소화흡수, 설사, 복통)

생식선
(통, 생리불순, 갱년기)

좌골신경통

직장
(변비)

발 숭배(Foot Fetishism, Podophilia)는 신체 부위 중 발에 흥미를 보이는 한 현상을 의미한다.

발 숭배 현상, 그 은밀한 매력의 세계

발 페티시는 취향계의 절대강자라 할 수 있다. 당신이 좋아하는 사람의 발가락 하나하나에 심장이 쿵쾅거린다면? 그렇다면 당신은 이미 발 페티시의 세계에 입성한 것. 일반인들이 애인의 발에 "음, 예쁘네~" 정도로 느끼는 동안, 발 페티시스트들은 그 발바닥과 발가락에서 남들이 은밀한 부위에서 느끼는 것과 같은 짜릿함을 경험한다. LGBT라면? 이성이고 동성이고 가리지 않는다. 좋은 발은 그냥 좋은 발일 뿐.

동서고금을 막론하고 발은 은근히 섹시한 부위로 대접받아왔다. 전 세계 페티시 순위에서 항상 1등을 차지하는 게 발이니만큼, 어느 문화권에서든 발과 성적 매력을 엮은 흔적이 넘쳐난다. 중국의 전족처럼 극단적인 형태로 변질되기도 했지만, 그만큼 발의 매력이 강력했다는 방증이기도 하다.

발 페티시스트들도 스펙트럼이 있다. '순수파'는 오직 발에만 올인하는 타입으로, 일반적인 성적 접촉에는 별 흥미를 못 느끼기도 한다. 반면 '융합파'는 발은 물론 다른 신체 부위에도 정상적인 관심을 보이며, 풋잡 같은 발 관련 플레이를 즐기면서도 결혼해서 가정도 꾸릴 수 있다.

주변에 이성에 별 관심 없고 야한 콘텐츠에도 시큰둥한 사람이 있다면? 혹시 발 페티시를 의심해볼 법하다. 도착증 중에서도 가장 많은 비중을 차지하는 게 발 페티시니까. 물론 가장 친한 친구나 가족에게도 이런 취향은 철저히 숨기는 사람들이 대부분이니, 함부로 "너

발 좋아하지?" 같은 질문은 삼가자. 어쩌면 당신 옆에 있는 그 평범한 사람도, 남모를 발바닥 세계에 빠져 있을지도 모른다.

야 한다. 아무리 발이 예뻐도, 상대방이 불편해한다면 그 선을 넘지 않는 게 진정한 페티시스트의 품격이다.

결론은? 발 페티시는 부끄러운 게 아니라 그냥 또 하나의 취향일 뿐. 적절한 때와 장소, 그리고 동의하는 상대와 함께라면 얼마든지 즐길 수 있는 취향계의 메인스트림이다.

부끄럽다고?
발 페티시는 취향계의 메인스트림이다

취향이란 건 원래 제각각이다. 누군가는 가슴에, 누군가는 엉덩이에 심쿵하듯 발에 반하는 것도 그냥 또 하나의 취향일 뿐. 실제로 주변에 "나 발 좋아해요~" 하고 고백해보면 생각보다 반응이 무난하다. 대부분은 "오, 그래?" 하며 신기해하거나 "취향이 독특하네~" 정도로 넘어간다. 혐오스러워하는 경우? 생각보다 드물다.

스타킹은 더 말할 것도 없다. 여성들은 이미 다 알고 있다. 남자들이 스타킹에 약하다는 사실을. 그리고 놀라운 사실은 전 세계 페티시 순위에서 발 페티시가 당당히 1등을 차지한다는 것. 당신만 그런 게 아니라, 전 세계적으로 가장 많은 사람들이 공유하는 취향이라는 말이다.

물론 모든 취향에는 선이 있다. 상대방이 "아니, 내 발은 안 돼" 하면 거기서 스톱. 자신의 취향을 강요하는 순간 그건 더 이상 취향이 아니라 폭력이 된다. 취향 존중은 언제나 상대방의 동의가 전제되어

유형

발 페티시라고 해서 다 같은 취향을 갖고 있을 거라 생각한다면 큰 오산이다. 도착증의 세계에서 발 페티시는 그저 거대한 우산 아래 수많은 세부 카테고리가 존재하는 복잡한 생태계다. 인간의 성적 취향이란 게 이렇게 세분화되어 있다니, 놀랍지 않은가?

기본적으로는 맨발에 대한 강한 끌림이 중심이지만, 여기서부터 무한히 갈라진다. 발의 어느 부위를 좋아하느냐에 따라 분류하기도 하지만, 사실 대부분은 여러 부위에 동시에 매력을 느끼는 '복합형'이 많다. 이건 마치 음식 취향처럼 단 것만 좋아하는 사람도 있지만, 단짠단짠을 즐기는 사람이 더 많은 것과 비슷하다고 할까.

사이즈 취향도 확실히 갈린다. 230mm 이하의 앙증맞은 작은 발에 심쿵하는 부류가 있는가 하면, 290mm 이상의 웅장한 발에 압도당하길 원하는 이들도 있다. 작은 발을 선호하는 이들은 그 귀여움과

에서 쾌감을 느끼는 경우가 많고, 창작물에서는 온갖 서브미시브한 행동들로 표현된다. 간접적으로는 거인이 신던 신발이나 양말만으로도 흥분을 느끼기도 한다.

발 페티시가 없는 사람들에게 이런 세계는 그저 이해불가한 영역일 수 있다. 하지만 이것이 바로 인간 취향의 다양성 아닐까? 누군가에게는 그저 발이지만, 또 다른 이에게는 온 우주가 담긴 매력의 원천인 것이다.

맨발, 발 페티시의 원조이자 정석

맨발은 발 페티시계의 고전 중의 고전이다. 양말이나 스타킹 같은 장식물 없이 오로지 그 자체로 빛나는 발의 매력. 특히 은은한 분홍빛이 감도는 발바닥과 꼼지락거리는 발가락은 이 취향을 가진 이들에게 심장을 쿵쾅거리게 하는 트리거다. 취향의 갈림길에서 어떤 이들은 발바닥파로, 또 다른 이들은 발가락파로 나뉘지만, 이 둘을 모두 사랑하는 '통합파'도 상당수다.

촉감에 관한 취향도 제각각이다. 보통은 깨끗하고 물기 없는 발을 선호하지만, 약간 촉촉한 상태나 아예 미끌미끌한 오일을 발라 반짝이는 발에 심쿵하는 이들도 있다. 이쯤 되면 발 페티시가 단순한 취향이 아니라 하나의 예술 감상에 가깝다고 봐야 하지 않을까?

특정 의상과 맨발의 조합은 폭발적인 시너지를 낸다. 교복+맨발 조합이 대표적인데, 이건 원래 양말을 신어야 할 상황에서 맨발이라는 '금지된 조합'이 주는 갭 모에 때문이다.

른 사람들의 따뜻한 신발 차림과 비교하며 느끼는 열등감에서 독특한 쾌감을 얻는다.

태권도, 검도, 유도처럼 맨발로 하는 스포츠에서도 이 취향은 발현된다. 운동 후 까매진 발바닥에 본인이 쾌감을 느끼거나, 다른 사람의 운동으로 더러워진 발에 매력을 느끼는 경우도 있다. 재미있는 점은 다른 사람의 맨발은 보고 싶어 하면서도, 자신의 맨발은 극도로 숨기고 싶어하는 '역설파'도 있다는 것. 이런 경우 본인이 발 페티시를 가진 경우가 많다.

테이블 밑에서 슬쩍 발을 내밀어 다른 사람에게 자신의 발바닥을 보여주는 은밀한 '발장난'을 통해 수치심과 쾌락을 동시에 느끼는 이들도 있다. 발 페티시의 세계는 정말이지 끝없이 깊고 넓다.

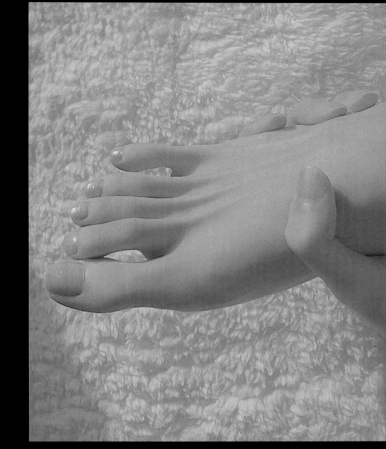

발을 만진다?

발 페티시를 현실에서 실현하는 방법은 크게 네 가지로 나뉜다. 맨발이든 양말을 신은 발이든, 상대방의 발을 어루만지는 것부터 시작해 간지럽히기, 주물러주기, 그리고 가장 고급 단계인 세족(발 씻겨주기)까지. 진정한 발 마니아라면 상대방의 신발이나 양말을 벗기는 그 순간부터 이미 심장이 쿵쾅거리기 시작한다. 특히 오래 신어 땀에 젖고 찐 상태의 발일수록 더 강한 쾌감을 느끼는 '숙성파'도 상당수다.

발 간지럽히기는 냄새보다는 발의 형태 자체에 집중하는 이들이 선호하는 방식이다. 꼼지락거리는 발가락과 부드러운 발바닥의 움직임에 매료되는 타입이 많다. 이들의 전략은 실로 교묘하다. 친구들과 놀다가 벌칙 게임으로 "발 간지럽히기"를 슬쩍 제안하거나, 장난을 칠 때 발을 노리는 식. 이렇게 자연스럽게 자신의 욕구를 충족시킨다. 좀 더 과격한 방식으로는 발을 고정시키거나 엄지발가락만 묶어 상대방이 도망치지 못하게 한 뒤 무자비하게 간지럽히는 방법도 있다. 스타킹을 신은 발은 촉감이 더 부드러워져 간지럼을 더 잘 탄다는 고급 정보도 있다.

발 마사지와 세족은 발 페티시스트의 '합법적 천국'이다. 사회적으로 완전히 용인되는 방식으로 상대방의 맨발을 만질 수 있는 절호의 기회니까. 찜질방이나 집처럼 자연스럽

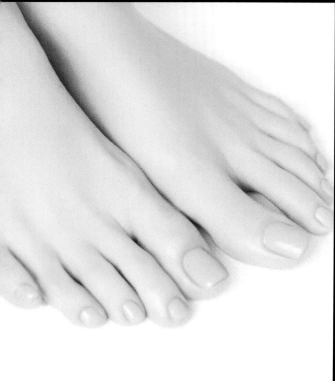

까?" 같은 선의의 제안으로 시작된다. 물론 이때 "사실 나 발 페티시 있어서 그래"라고 커밍아웃했다간 분위기가 순식간에 얼어붙을 수 있으니 주의. 역설적이게도 가장 대놓고 발을 만질 수 있는 방법이지만, 대부분은 자신의 진짜 의도를 철저히 숨긴다.

발 페티시의 실현은 결국 상대방의 동의와 편안함이 전제되어야 한다. 아무리 발이 예뻐도, 상대방이 불편해한다면 그 선을 넘지 않는 것이 진정한 발 마니아의 에티켓이다.

발냄새를 맡는다?

발 페티시에서 냄새는 단순한 부가 요소가 아니라 때로는 주연급 매력 포인트다. 일반적으로 사람들은 발을 '더럽고 냄새나는 곳'이라 여기지만, 발 페티시스트에게 이 냄새는 오히려 강력한 매력 요소로 작용한다. 페티시 관련 매체들이 굳이 발을 씻는 장면을 배제하고, 오히려 더러운 발을 강조하는 이유가 바로 여기에 있다.

흥미로운 점은 자신은 "발은 좋아하지만 냄새는 별로..."라고 말하는 페티시스트들도 결국 발 냄새를 암시하는 콘텐츠에 끌린다는 것. 2D 매체에서 발에서 모락모락 김이 올라오는 묘사는 거의 필수 코스다. 이건 마치 맛있는 음식에서 나는 김처럼, 발의 '신선한 향기'를 시각적으로 표현하는 방식이다.

신발 냄새에 매료되는 이들은 그 방식도 다양하다. 코를 박고 직접 냄새를 맡는 정통파부터, 깔창만 빼서 은밀하게 즐기는 미니멀리스트까지. 특히 땀이 차기 쉬운 운동화, 전투화, 구두가 인기 품목이다. 오래 빨지 않았거나 맨발로 신어 발 냄새가 깊숙이 배인 신발일수록 더 강한 매력을 발산한다고. 맨발로 신으면 양말이 담당하던 땀 흡수를 신발이 직접 하게 되니, 냄새가 더 진하게 배는 것은 당연한 이치. 물에 젖었다 말랐을 때 나는 독특한 발 냄새에 특별히 반응하는 '빗물파'도 있다니, 취향의 세계는 정말 무궁무진하다.

양말은 또 다른 차원의 매력을 품고 있다. 오래 빨지 않고 신었거나, 운동이나 운전 후 땀에 절여진 양말 냄새는 특유의 중독성을 가진다. 반대로 세탁 후 섬유유연제 향이 감도는 뽀송뽀송한 양말을 선호하는 '클린파'도 있다.

학창 시절은 이런 취향이 슬쩍 발현되는 시기다. 친구의 운동화나 양말 냄새를 장난삼아 맡게 하는 행동 속에 자신의 페티시를 은근슬쩍 충족시키는 전략이 숨어 있다. 특히 한여름 체육 수업 후의 발 냄새는 그 강도가 압권. 다한증이 있는 친구의 발 냄새는 후각

을 마비시킬 정도라니, 이건 페티시를 넘어 일종의 극한 스포츠
에 가깝다.

　중고등학교에서는 통풍 좋은 슬리퍼를 많이 신어 양말 냄새
가 덜하다는 현장 리포트도 있다. 발 페티시의 세계는 이렇게 냄
새라는 보이지 않는 요소까지 포함해 더욱 깊고 복잡한 매력을
품고 있다.

인기

　발 페티시는 도착증 중에서도 상당한 비중을 차지하며, 그 인
기는 실로 대단하다. 이 주제를 다룬 영화들이 제작될 정도로, 감
독들 또한 자신의 취향을 작품에 담아내곤 한다. 쿠엔틴 타란티
노와 같은 유명 감독들은 자신의 영화에서 발에 대한 애정을 숨
기지 않으며, 이는 관객들에게도 큰 화제가 된다.

　또한, 유튜브와 같은 글로벌 동영상 플랫폼에서도 발 페티시
관련 콘텐츠의 수요는 매우 높다. 사람들은 자신이 선호하는 세
부 취향에 맞춰 다양한 검색어를 사용하여 원하는 영상을 찾아
본다.

　심지어 일부 사람들은 발 사진을 찍어 수익을 얻기도 하며, 자
기 발을 보여주는 것으로도 돈을 벌 수 있다. 이러한 행위는 모두
합법적인 범위 내에서 이루어지며, 온라인에서는 발 페티시를
공유하는 커뮤니티도 활발히 운영되고 있다. 이들 커뮤니티에서
는 페티시를 유발하는 짤을 올리며 서로의 취향을 나누고, 다양
한 콘텐츠를 즐기는 모습을 볼 수 있다.

　발 페티시는 단순한 취향을 넘어서, 대중문화와 밀접하게 연
결된 현상이다. 다양한 매체에서 이 주제를 다루며, 사람들의 관
심과 호기심을 이끌어내고 있다.

문제점

　상대방의 동의가 없으면 성추행이 되기에 함부로 발을 만지
거나 핥고 빨면 안 된다. 또한 함부로 신발과 양말을 벗기는 것도
안 된다. 발 마사지와 세족이 그나마 호의적인 편이기는 하지만
사심이 없어야 가능하고 발 간지럼도 상대방의 기분이 나쁘지
않게 적당히 해야 한다. 해당 페티시의 경우 거부감을 가진 경우
도 많기에, 사람에 따라 혐오스럽게 느끼는 경우도 많다. 다른 사

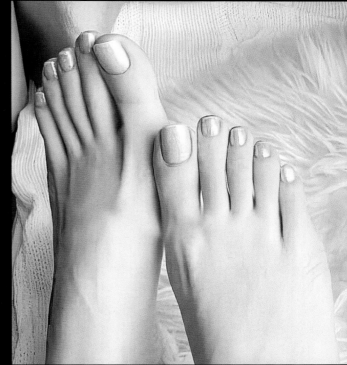
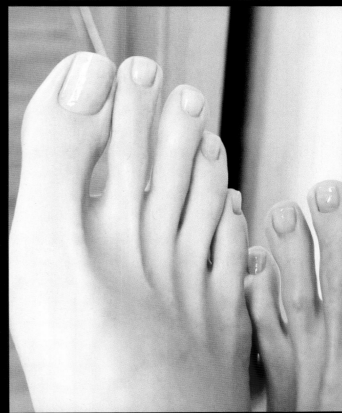

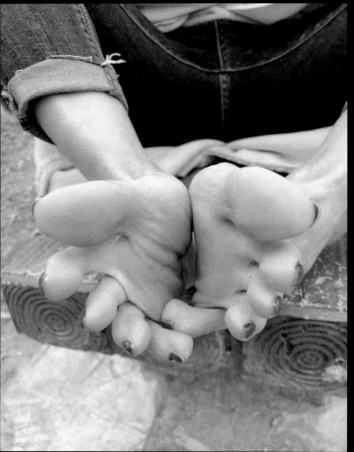

속하여 요구하거나 추천하지 말자. 직업상 남의 발을 만지게 되는 의사나, 발 마사지사, 고급 신발가게, 페디큐어 관련 직종이라면 괜찮겠지만, 이것도 선을 넘는 것을 주의해야한다.

사람을 대상으로 하는 트램플(Trample), 크러쉬(Crush)는 상대방의 동의 없이 할 경우 폭력으로, 학교에서는 학교폭력으로 취급된다. 그러므로 다른 사람과 트램플을 하기 위해서는 상대방의 동의를 구한 상태로 해야 하며, 신발을 신은 상태로 하는 행위는 상대방을 다치게 할 수 있으니 강도를 조절하는 등 주의를 해야 한다. 물론 사물을 밟는 행위는 폭력으로 취급되지는 않는다.

길거리나 공공장소에서 상대방의 발을 몰래 찍는 것도 불법이다. 일단 인터넷 등지에 나온 사진들은 상대방의 동의를 받고 찍은 것, 돈을 받고 일하는 전문적 배우 등이 대부분으로 몰래 공공장소에서 찍은 걸 들키면 징역까지 가는 나라들도 있다. 그래서 전문적으로 찍는 사람들까지 욕먹게 되기도 한다. 지하철 이나 버스에 탄 이성의 발을 동의 없이 찍는 것도 큰 문제다. 또한 성인이 아닌 학생들의 발을 찍는 경우도 엄연한 범죄다.

어느 문화권에서나 비슷하지만, 특히 이슬람 문화권에서는 발과 관련된 행동에 특히 주의하여야 한다. 상대방에게 발바닥이나 신발 밑창을 보이는 것은 "너는 내 발 밑의 흙만도 못한 존재다" 라는 모욕으로 인식되며, 반대로 상대방의 발을 씻겨 주거나 입맞추는 등의 행동은 "저는 당신의 발 밑의 흙만도 못한 존재입니다" 라고 스스로를 굴복시키는 이미지가 강하다. 그래서 이슬람권에서 상대에게 심한 모욕을 줄 때는 신발을 던지는 경우를 흔히 볼 수 있다.

관련 인물

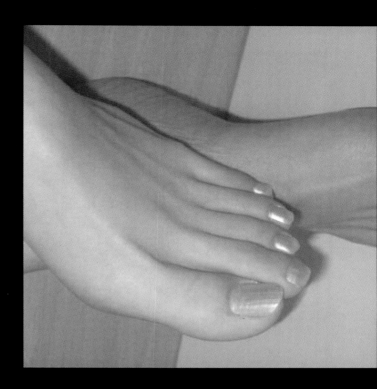

강인 - 발이 예쁜 여자를 좋아한다. 예능 프로에서 스스로 밝힌 내용이다. 물론 페티시라는 단어는 사용하지 않았고, '전 발이 예쁜 여자가 좋아요'라고 말했다.

김종민 - 한 토크쇼에서 직접 밝혔다.

김지운 - 본인은 <장화, 홍련> 코멘터리에서 부정했지만, 거꾸로 생각하면 이걸 부정하는 멘션을 직접 했을 정도로 의혹이 많긴 하다. 때문에 <달콤한 인생>에선 '에라 모르겠다' 하는 심정으로 발 관련 샷을 유달리 많이 넣었다는 설도 있다.

김봉준 - 수차례 방송에서 본인 / 타 BJ에 의해 언급되었으며 게스트 방송시 발에 집착하는 모습을 종종 찾을 수 있다.

성제 - 전한의 황제인데 후궁인 조합덕이 예쁜 발의 소유자라 그녀의 맨발을 보고 하악하악거렸다고 기록되어 있다. 물론 조합덕은 이 사실을 잘 알았기에 성제의 애간장을 태우려고 일부러 맨발을 보여주려 하지 않았다고 한다.

신카이 마코토 - 그의 취향이 가장 잘 드러난 작품으로 언어의 정원이 있다.

이상민 - 아는 형님에서 건강한 발을 좋아한다고 밝혔다. 여자 게스트가 발 관련 개인기를 할 때면 제일 관심 갖고 보며 멤버들도 아는지 "상민이가 발 좋아한다"라고 하였으며 남녀를 가리지 않는지 강호동이 발을 보여줄 때도 유심히 보았다.

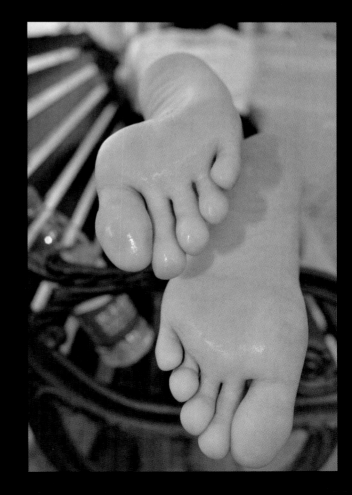

이해영 - 연출하는 영화마다 발을 클로즈업하는 경우가 많다. 라디오스타에 출연했을 때도 발 페티시에 관한 질문을 받았고, 발을 좋아한다고 밝혔다. 아예 페스티발(페스티'벌'이 아니다.)이라는 영화를 만들어 페티시즘을 직접적으로 다루기도 했다.

조홍 - 삼국지 조조의 사촌으로 유명한 조홍은 연회에서 기녀들을조홍 - 삼국지 조조의 사촌으로 유명한 조홍은 연회에서 기녀들을 불러다가 맨발로 북을 치게하는 공연을 즐겼다가 다른 장수들에게 음란한 잔치라고 욕을 먹었다고 한다.

쿠엔틴 타란티노 - 거의 모든 작품에서 발과 관련된 샷들이 등장하며 하나의 트레이드마크 수준으로 자리잡았다. 황혼에서 새벽까지에 직접 출연했을 때는 흡혈귀 쇼걸의 발을 핥는 장면이 나온다. 그러나 본인은 기자와의 인터뷰에서 그저 좋은 연출법 중 하나일 뿐이라고 변명반박했다.

누구나 그럴싸한 계획은 있다. 처맞기 전까진.
마이크 타이슨

비즈니스 이야기

에어비앤비 4개월 운영해 봤습니다.

에어비앤비, 외국인도시민박 이제 4개월 남짓 했습니다.
2024년 7월에 허가를 받았고 첫예약을 8월30일에 받았으니 9월~12월까지 운영하고 2025년도 계속 운영중입니다.
아직도 많은 분들이 주저하거나 불안해 하시는 것 같아서, 용기를 드리는 차원에서(ㅎㅎ) 글을 써봅니다.

외국인도시민박이란? 도시지역의 주민이 자신이 거주하고 있는 주택을 이용하여 외국인 관광객에게 한국의 가정문화를 체험할 수 있도록 적합한 시설을 갖추고 숙식 등을 제공하는 숙박업입니다. 외도민업 호스트가 공유숙박 실증특례를 받으면 180일 동안 특례 범위 안에서 내국인 합법 숙박이 가능합니다.

1. 시작한 동기

어머님이 많이 안좋으셔서 다가구 주택의 한층을 비워놓다시피 했다가, 요양병원에 들어가시면서 집이 비자 본격적으로 준비를 했습니다. 월세보다는 외도민이 나을거 같다는 확신도 있었지만, 제가 하는 일을 위한 출장이나 여행을 다니며 겪었던 민박집의 추억을 한국에서도 살리고 싶어서 였습니다.

또 한가지라면, 제가 반려견을 키우는데 개를 데리고 여행다니는 사람들이 숙소잡기가 참 어렵기에, 그 도움을 주고 싶었습니다.
해외사업을 하던 사람이고 외국생활한 경험도 있어 영어는 문제가 되지 않을것이라 생각했습니다.
일단 저지르고 보는 성격이 아니라서, 꽤 꼼꼼히, 많은 자료와 경험담들을 읽고 시작했습니다. 이 사업은 절대 실패할수 없다고 생각했고, 만에 하나 실패하면 그냥 침대다 팔고버리고 월세 받으면 되니까 큰

위험부담도 없었습니다.

2. 준비기간

저는 시간이 많았습니다. 자가이고, 월세를 안받아도 굶어죽는것 아니기 때문에 2023년 여름부터 2층 한층을 차근차근 공사했습니다.
저희 집은 1983년에 이사올때는 단층집이었고, 1991년에 다가구주택으로 새로 지어 지하에 11평 두집 월세를 받고 1층, 2층 22평이라 총 4가구가 살수 있습니다.
아파트가 아니라서 실평수도 20평 정도 제대로 나옵니다.

먼저 33년된 욕실(화장실)을 다 뜯어 고쳤습니다. 저는 욕조를 좋아하고 강아지 목욕시키려면 편해서....외국인들은 욕조싫어하니 없애라는 주위 조언을 가볍게 무시했습니다. 저도 가끔 손님없을때 거품 목욕도 해야하거든요. 돈도 좋지만 우리집은 우리집입니다. 굳이 동양인지 서양인지 어디서 올지 모르는 외국인 취향을 맞춰가면서까지 할 이유는 없죠.

구조가 오래된 집이다 보니 화장실외에는 세탁기를 놓을 다용도실이나 베란다가 없습니다. 그럼 어쩔수없이 외국인들이 화장실에서 빨래하셔야죠.
12kg LG 통돌이 2009년형 그대로 났습니다. 15년 됐는데 아직 모

터 쌩쌩하니 빨래 잘됩니다.

어머니는 요양병원으로 가신 후 6개월만에 돌아가셨습니다.
뻥뚫린 허전한 마음을 달래기 위해 새로운 일에 더욱 몰두해야했습니다.
이미 오래된 샤시는 전년도에 큰돈들여 다 하이샤시로 바꿔놔서, 33년된 싱크대를 또 바꿨습니다.

제가 쓸거면 좀 좋은걸로 길게 L자로 했겠지만, 아주 기본형 2.4m 직선형으로 깔끔하고 단순하게 공사했습니다.
침대도 싼걸로 고르고 당근마켓에서 5단 책꽂이나 조명도 샀습니다. 제가 디자인 감각은 그리 좋은게 아닌거 저도 알아서, 남들이 이쁘다 하는 충고는 그대로 따랐습니다.

외도민 사업을 위한 준비는 생각보다 간단했습니다. 소화기 몇개 사고, 가스누설경보기 화재감지기 몇개 사서 달고,
출입문이나 비상통로 표지 야광으로 스티카사서 붙이면 되는 거였습니다. 결국 준비기간만 한 1년 걸린거지만, 중간에 개인적인 일도 많았고 해서, 맘먹으면 한달이면 집중해서 준비할 수 있는 기간이라고 봅니다.

3. 외도민 사업신청

서대문구청에 문의를 하니 외국인도시민박을 하는 곳이 정말 몇 개 안된다고 하더군요.
바로 인근 마포구 서교동이 홍대근처인데, 여기는 연희동도 아닌 명지대가 있는 남가좌동입니다. 홍대에서 버스를 타도 10정거장 20~30분 걸립니다.
물론 이동네서 오래 산 저는, 크게 불편함이 없는 조용하고 좋은 동네라고 생각합니다만.

집주인이 직접 신청한다고 하니 문화체육관광부 던가.. 담당직원이 놀랬습니다. 다들 남의 집 빌려다 수익을 위해 에어비앤비 하는거지 집주인이 하는경우는 아주 드물다고 하네요. 그래서 그런지 일주일 정도 지난후 실사를 나왔는데 크게 트집잡은건 없었습니다.
야광으로 해야하는 EXIT 출입문 스티커를 칼라프린터로 출력했다고 그거 바꾸라고 한 정도?

영어 인터뷰도 없었습니다. 전 집소개와 에어비앤비 시작동기 등을 영어로 준비하고 외워뒀는데.....
"외국사신 경험있으시니 영어는 잘하시겠네요"
하고는 아예 질문하나 안하더라고요...승인은 문제없이 났고, 전 2024년 7월3일자로 [관광사업등록증]이란걸 거머쥘수 있었습니다.

4. 사진 및 등록

2024년 10월에 에어비앤비 회사에서 외도민사업자등록이 없으면 등록을 거부한다는 성명을 발표했습니다.
저는 그 3달전에 시작한터라 등록을 어디에다 할까 고민했네요. 일단 위홈,에어비앤비(airbnb.co.kr), 부킹닷컴(Booking.com), 아고다(agoda.com) 세군데에 올렸습니다.
제가 해외에 나가서 숙소 찾는데 가장 많이 쓰는게 아고다입니다. 굉장히 편합니다. 오히려 에어비앤비는 전 좀 익숙하지 않아서....
부킹닷컴 앱도 굉장히 익숙하게 씁니다. 하지만 등록하는 관리자 메뉴는 사용자 메뉴랑 완전히 틀리더라고요.
부킹닷컴은 Pulse 라는 숙소관리앱이 따로 있습니다. 에어비앤비 앱은 호스트와 사용자를 바꿔서 하면 문제없고, 아고다도 YCS라는 관리자모드가 따로 있어서, 생소한 메뉴와 프로모션들...많이 헛갈렸습니다. 개별적인 사이트 등록의 유의점은 열거하면 한없이 많습니다.
몇번 40%할인 맞아보시면 아...내가....순진하게 하란다고 다 깎아줬다간...남는거 하나도 없겠구나...몸으로 느끼시게 될겁니다.

어쨌든 전문기사 불러서 사진 찍을 필요없이, 조명빨로 우아하게 핸드폰으로 잘 찍을 수 있습니다.
조명이 정말 중요합니다. 친구들이나 친척들도 제 내부 사진을 보고 업체에 맡긴거냐 라고 감탄할 정도였으니...하지만 자세히 보면 정말 별거 아닌 평범한 집일 뿐입니다.
그렇게 사진을 올리고.....등록하면서 써야할건 또 뭐그렇게 항목이 많은지....헤어드라이기부터 냉장고 있느냐 커피포트 있느냐..정말 체크리스트가 많습니다.
처음엔 누구나 하는거니까..

전 그렇게 오픈했고, 마침내 5박의 프랑스 아가씨 첫 예약을 받았습니다.

<<Episode 첫예약 >>

부킹닷컴에서 첫예약을 받았는데, 5박의 20대 초반 프랑스 소녀였습니다.

사이트에서 기본적으로 weekly rate와 Monthly rate라고 해서 주간과 월간 요금이 다른데, 저는 인심후하게 5일도 일주일가격으로 쳐준다는데 동의를 해버려서... 272,000원에 5박 예약이 들어왔습니다.
1박 정가가 80,000원으로 해놨는데 할인이 크다보니 박당 가격이

54,400원 인데다가, 수수료가 무섭습니다.

Booking.com 수수료는 15%, 카드수수료 2.5% 해서 총 17.5%를 뗍니다. 네, 최종적으로는 1박당 43,928원이 입금되더라고요...(-.-). 그 친구 떠나고 난 뒤 프로모션 다 내렸습니다 ㅎㅎ.

첫손님의 기억은 누구나 첫사랑처럼 특별할 겁니다. 프랑스국적이 긴 하지만 한국인 아버지와 호주계 어머니를 둔 혼혈이었는데, 개를 엄청나게 큰놈을 델꾸 왔습니다. 분명히 메시지로 물어볼때 Middle Size라고 했는데 미들은 개뿔.....우리 강아지가 8kg인데 17kg은 족히 나갈 녀석을 데려와서 '미들'이랍니다...

하지만 일단 아가씨가 귀엽기도 하고 워낙 밝고 해서 참 많이 신경썼습니다. 어느정도 신경을 썼냐하면,
오는 시간에 맞춰서 공항픽업을 나갔습니다. 6만원받고. 택시타면 저희집까지 인천에서 6만원정도 나오긴 하는데...
근데 전 왔다리갔다리 왕복이잖아요? 거기에 비행기 연착되서 주차비도 7천원이나 물었어요. ㅠㅠ

하지만 행복했습니다. 첫손님 태우러 새벽같이 공항가는 기분...
이제는 다시 느낄수도 없고 느끼고 싶지도 않습니다만 ㅋ.

지금은요?
네...손님은 너무 잘해주면 안되는구나...딱 중간만 하자...를 느끼게 해준 친구기도 합니다.
다른거 필요없고 딱 어이없던 한가지. 한국말을 할줄 모른다고 하고

홍대앞에서 길을 못찾고 있다해서 그 대형견 태워줄 택시 없을거다 싶어 내 차로 출동했습니다. 길가던 사람에게 부탁해서 전화좀 해 달라해서 제게 전화가 왔더라고요.

"여기서 명지대까지 개 데리고 걸어가시겠대요."

통화해달라 부탁받은 한국아가씨가 너무 멀다고 만류하는데도 간다고 하길래, 거기 꼼짝말고 있으라고 하고 서둘러 차를 몰았죠.
걸어올 거리가 아니었거든요. 근데 나중에 알고보니, 이 아가씨 한국말 프랑스말 인터넷으로 언어가르치는 강사였더라고요.
한국말을 아주 유창하게 하면서 한마디도 못하는척...와 진짜 나씨....

광장시장가서 한국전통음식도 사주고 지방간대서 서울역까지 차태워주고.....
이 모든것이 평점 10.0을 초반부터 받고 들어가겠다는 갸륵한 노력이었음에도....
니가 첫손님이다 평점 잘줘라 라고 부탁하고 그러겠노라 약속을 몇번이나 했음에도....
리뷰 안쓰더라고요. 4달이 지난 지금까지. (-.-)
손님은 잘해줄 필요가 없습니다. 기본만 하면 됩니다...

내가 우주의 비밀을 쫓고 있는데 고작 백만 달러를 쫓겠는가?
그리고리 페렐만, 푸엥카레 추측 상금을 거부하며

징역 운동 끝판왕
Best5

제한된 공간에서
어떻게 효과적으로 운동할 수 있을까?

좁디좁은 철창 안에서 뭘 할 수 있겠냐만, 몸매 관리는 필수다. 기구 운동? 그건 잊어라. 물통으로 운동하다 적발되면 스티커 떼고, 물건 압수에, 같은 방 동료들 눈치까지 봐야 한다. 결국 맨몸 운동이 답이다. 징벌방에 처박혀도 할 수 있으니 이보다 완벽한 선택이 어디 있겠나.

의문의 여지가 없는 최고의 맨몸운동들

1.푸시업 - 맨몸 운동의 황제

푸시업은 가장 대중적이면서도 가장 만만한 운동계의 절대 강자다. 그냥 딱 바닥에 엎드려 몸을 밀어올리기만 하면 끝이니까. 복잡한 장비? 필요 없다. 누구는 이 단순함에 하품이 나올지 모르지만, 운동의 철학을 잊지 말자. 단순함이 바로 핵심이고, 핵심이 바로 효과다.

자극이 안 온다고? 그럼 손 위치를 바꿔라. 손 간격을 좁게 할수록 난이도는 치솟는다. 넓게 하면 가슴 바깥쪽, 좁게 하면 안쪽과 삼두가 작살난다. 궁극의 경지, 한 팔 푸시업과 물구나무 푸시업까지 가능해지면 당신은 이미 푸시업의 신.

2. 풀업 - 등근육의 왕좌

풀업은 아무나 함부로 도전할 수 없는 맨몸 운동계의 귀족이다. 철봉? 그건 대운동장에서나 볼 수 있는 희귀템이지. 철봉을 만나고 싶다면 일단 출역 신청부터 해야 한다. 무조건이다.

잘 알다시피 풀업은 맨몸운동 중에서도 가장 강력한 등 운동의 절대 강자다. 아놀드 형님도 "단 하나만 고르라면?" 하는 질문에 고민 없이 풀업을 찍었다. 하지만 현실은? 대부분이 제대로 된 풀업 하나도 못 하는 게 씁쓸한 현실이다. 난이도가 하늘을 찌르기에 더욱 도전해 볼 가치가 있는 법.

처음엔 턱걸이가 하나도 버겁다고? 괜찮다. 모두가 그렇게 시작했다. 점프해서 올라간 후 천천히 내려오는 네거티브 풀업으로 첫 발을 떼면 된다. 이마저도 지옥 같다면? 수건이나 시트를 발에 받쳐가며 연습하는 것도 작전이다.

풀업의 핵심은 어깨 고정이다. 초보자들 대부분이 어깨를 으쓱거리며 고통스럽게 올라가는데, 이건 완전 잘못된 길이다. 어깨는 뒤로 꽉 고정하고 광배근으로 몸을 끌어올려야 제맛이 난다.

기본 풀업을 정복했다면? 다음 단계로 넘어가자:

와이드 그립으로 등 바깥쪽을 작살내고 클로즈 그립으로 이두근을 폭발시키고 L자 풀업으로 코어까지 한방에 터뜨린다

궁극의 경지는 머슬업이다. 풀업을 넘어 철봉 위로 몸을 던져 올리는 신의 기술. 이걸 완성하면 당신은 이미 상위 1%의 몸짱이다.

3. 스쿼트 - 하체 운동의 교과서

쿼트는 단순해 보여도 전신 운동의 절대 강자다. 허벅지는 우리 몸에서 근육이 가장 풍성한 부위. 제2의 심장이라 불리는 이유가 있다. 스쿼트는 이 대퇴근을 가장 효과적으로 작살내는 최고의 선택이다. 심장마비 같은 사망률을 확 낮추고 테스토스테론 분비를 폭발시킨다. 멸치들은 닥치고 이 운동부터 해야 벌크업의 꿈을 이룰 수 있다.

기본 스쿼트가 식상해졌다고? 자극이 안 온다고? 그럼 점프 스쿼트로 레벨업 하자. 폭발적인 하체 파워가 필요한 고난도 기술이지만, 소음이 장난 아니니 적절한 시간대를 골라 실행해야 한다. 룸메이트들 잠 방해하면 그날로 끝이다.

진정한 고수의 길을 가려면? 한발 스쿼트에 도전하라. 양발 스쿼트 100개보다 한발 스쿼트 10개가 더 지옥 같을 수 있다. 균형감각, 근력, 집중력이 삼위일체로 필요한 신의 동작이다. 이걸 마스터하면 출소 후에도 다리 근육은 무적이다.

Bridge from Standing

4. 브릿지 - 코어의 완성판

브릿지는 겉보기엔 그저 그런 운동 같지만, 제대로 하면 전신이 부들부들 떨릴 정도로 강도 높은 괴물 같은 운동이다. 코어 근력 강화엔 그냥 최강자다. 논쟁의 여지가 없다.

초보자는 누워서 엉덩이만 들어올리는 기본 브릿지부터 시작하자. 이것도 만만찮다. 허리가 꺾이지 않게 주의하면서 엉덩이를 하늘로 치솟게 해야 한다. 제대로 하면 금방 근육이 비명을 지른다.

중급자라면? 한쪽 다리를 공중에 띄운 상태로 브릿지를 시도해보자. 균형 잡기부터가 전쟁이다. 하지만 이 정도는 기본 중의 기본. 진정한 고수는 손 없이도 브릿지를 해낸다.

무리하게 도전했다간 척추가 박살날 수 있으니 주의해야 한다. 가장 추천하는 방법은 벽을 타고 내려가는 브릿지다. 벽을 타고 내려갔다 올라오는 브릿지를 왕복 10회 정도 해낼 수 있다면 코어가 제법 단련된 상태. 이제 스탠드 업 브릿지라는 신의 영역으로 넘어갈 준비가 된 것이다.

5. 운동장 달리기 - 기초 체력의 완성

근육질의 몸뚱아리를 가졌더라도 체력이 바닥이면 그냥 장식품에 불과하다. 운동장 달리기는 가장 기본적이면서도 효과 폭발하는 유산소 운동의 정석이다.

그렇다고 무작정 달리기만 하면? 비효율적이고 지루함의 극치다. 시간은 빠르게 가지 않고, 운동 효과는 떨어진다. 그래서 인터벌 트레이닝이 답이다.

예를 들어: 1바퀴 전력 질주하고 1바퀴 걷기를 5세트. 이렇게 하면 짧은 시간에 최대의 효과를 볼 수 있다. 지루함도 확 줄어들어 오래 할 수 있는 장점이 있다.

징역 운동시간은 고작 30분. 다들 알겠지만 운동이 재밌으면 시간이 순식간에 지나가지만, 그렇지 않으면 30분도 지옥처럼 느껴진다. 인터벌 트레이닝으로 효율과 재미, 두 마리 토끼를 한방에 잡자.

마무리

이 다섯 가지 운동만 제대로 해도 충분히 강철 같은 신체를 만들 수 있다. 하지만 가장 중요한 건? 꾸준함이다. 하루 이틀 불타는 열정 말고, 매일 조금씩이라도 실천하는 습관이 진짜 변화를 만든다. 이게 핵심이다.

제한된 공간, 제한된 시간에도 불구하고 운동을 한다는 건 엄청난 의지가 필요한 일이다. 그만큼 성취감도 폭발적이다. 지금 당장 시작하자. 미래의 당신이 지금의 선택에 무한 감사할 것이다. 출소 후 달라진 몸으로 세상을 놀라게 할 당신을 상상해 보라.

드라마 작가가 교도소에 어쩐일로?

다음 드라마 이걸로 써야지~

드라마랑 다르네~!

#법무부
#서울남부교도소
#CJ프로젝트
#법무전책현장들어

간단한 잡지, 교정 관련 책자를 만드는 교도작업 현장 방문

'죄지은 자'와 '지키는 자' 아니면 들어가 볼 수 없는 금단의 구역, 교도소!

Q. 일반 인쇄소처럼 바쁜 시기, 덜 바쁜 시기가 있나요?

징역 소식
법무부 공개 유튜브
법TV 유튜브 리뷰

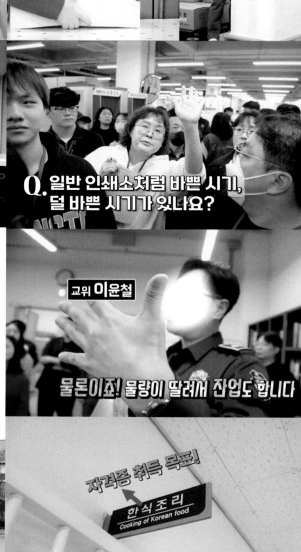

교위 이윤철

물론이죠! 물량이 딸려서 잔업도 합니다

사랑과 희망이 함께하는 교정

K-콘텐츠를 책임 질 미래의 작가들을 위해 긴격 OPEN

자격증 취득 목표!

한식조리
Cooking of Korean food

교도소 內 한식조리 강의실

교도소 內 인쇄소

재수는 없다!
6개월간의 교육과정으로 조리사 자격증 취득 목표!

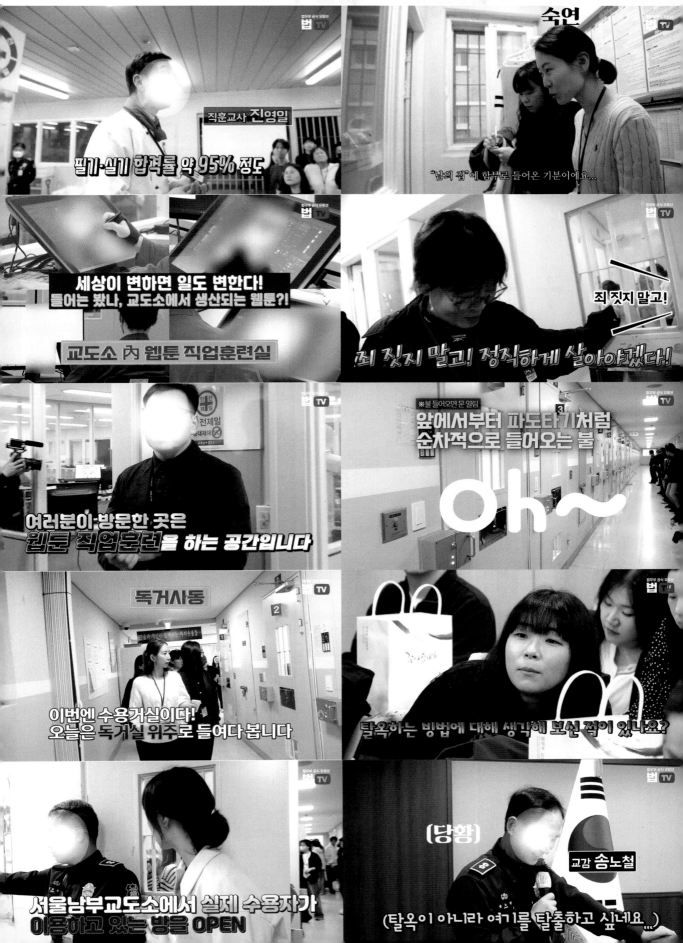